RUSSO

VOCABULÁRIO

PALAVRAS MAIS ÚTEIS

PORTUGUÊS
RUSSO

Para alargar o seu léxico e apurar
as suas competências linguísticas

3000 palavras

Vocabulário Português-Russo - 3000 palavras

Por Andrey Taranov

Os vocabulários da T&P Books destinam-se a ajudar a aprender, a memorizar, e a rever palavras estrangeiras. O dicionário é dividido em temas, cobrindo todas as principais esferas de atividades quotidianas, negócios, ciência, cultura, etc.

O processo de aprendizagem, utilizando os dicionários baseados em temáticas da T&P Books dá-lhe as seguintes vantagens:

- Informação de origem corretamente agrupada predetermina o sucesso em fases subsequentes da memorização de palavras
- Disponibilização de palavras derivadas da mesma raiz, o que permite a memorização de unidades de texto (em vez de palavras separadas)
- Pequenas unidades de palavras facilitam o processo de estabelecimento de vínculos associativos necessários para a consolidação do vocabulário
- O nível de conhecimento da língua pode ser estimado pelo número de palavras aprendidas

Copyright © 2019 T&P Books Publishing

T&P Books Publishing
www.tpbooks.com

ISBN: 978-1-78400-962-5

Este livro também está disponível em formato E-book.
Por favor visite www.tpbooks.com ou as principais livrarias on-line.

VOCABULÁRIO RUSSO
palavras mais úteis

Os vocabulários da T&P Books destinam-se a ajudar a aprender, a memorizar, e a rever palavras estrangeiras. O vocabulário contém mais de 3000 palavras de uso comum organizadas tematicamente.

O vocabulário contém as palavras mais comummente usadas
Recomendado como adicional para qualquer curso de línguas
Satisfaz as necessidades dos iniciados e dos alunos avançados de línguas estrangeiras
Conveniente para o uso diário, sessões de revisão e atividades de auto-teste
Permite avaliar o seu vocabulário

Características especias do vocabulário

- As palavras estão organizadas de acordo com o seu significado, e não por ordem alfabética
- As palavras são apresentadas em três colunas para facilitar os processos de revisão e auto-teste
- As palavras compostas são divididas em pequenos blocos para facilitar o processo de aprendizagem
- O vocabulário oferece uma transcrição simples e adequada de cada palavra estrangeira

O vocabulário contém 101 tópicos incluindo:

Conceitos básicos, Números, Cores, Meses, Estações do ano, Unidades de medida, Roupas & Acessórios, Alimentos & Nutrição, Restaurante, Membros da Família, Parentes, Caráter, Sentimentos, Emoções, Doenças, Cidade, Passeios, Compras, Dinheiro, Casa, Lar, Escritório, Trabalho no Escritório, Importação & Exportação, Marketing, Pesquisa de Emprego, Desportos, Educação, Computador, Internet, Ferramentas, Natureza, Países, Nacionalidades e muito mais ...

TABELA DE CONTEÚDOS

GUIA DE PRONUNCIAÇÃO

Alfabeto fonético T&P	Exemplo Russo	Exemplo Português

Consoantes

[b]	абрикос [abrikós]	barril
[d]	квадрат [kvadrát]	dentista
[f]	реформа [refórma]	safári
[g]	глина [glína]	gosto
[ʒ]	массажист [masaʒíst]	talvez
[j]	пресный [présnij]	géiser
[h], [x]	мех, Пасха [méh], [pásxa]	[h] aspirada
[k]	кратер [krátɛr]	kiwi
[l]	лиловый [lilóvij]	libra
[m]	молоко [molokó]	magnólia
[n]	нут, пони [nút], [póni]	natureza
[p]	пират [pirát]	presente
[r]	ручей [rutʃéj]	riscar
[s]	суслик [súslik]	sanita
[t]	тоннель [tonélʲ]	tulipa
[ʃ]	лишайник [liʃájnik]	mês
[ʧ]	врач, речь [vráʧ], [réʧ]	Tchau!
[ʦ]	кузнец [kuznéʦ]	tsé-tsé
[ʃ]	мощность [móʃnostʲ]	shiatsu
[v]	молитва [molítva]	fava
[z]	дизайнер [dizájner]	sésamo

Símbolos adicionais

[ʲ]	дикарь [dikárʲ]	sinal de palatalização
[·]	автопилот [afto·pilót]	ponto mediano
[ˈ]	заплата [zapláta]	acento principal

Vogais acentuadas

[á]	платье [plátje]	chamar
[é]	лебедь [lébetʲ]	metal
[ǿ]	шахтёр [ʃahtǿr]	ioga
[í]	организм [organízm]	sinónimo
[ó]	роспись [róspisʲ]	lobo
[ú]	инсульт [insúlʲt]	bonita

Alfabeto fonético T&P	Exemplo Russo	Exemplo Português
[ĭ]	добыча [dobĭʧa]	sinónimo
[æ]	полиэстер [poliæstɛr]	semana
['ú], [jú]	салют, юг [salʲút], [júg]	nacional
['á], [já]	связь, я [svʲásʲ], [já]	Himalaias

Vogais não acentuadas

[a]	гравюра [gravʲúra]	som neutro, semelhante a um xevá [ə]
[e]	кенгуру [kengurú]	som neutro, semelhante a um xevá
[ə]	пожалуйста [pɔʒáləsta]	milagre
[i]	рисунок [risúnɔk]	sinónimo
[ɔ]	железо [ʒelézɔ]	som neutro, semelhante a um xevá
[u]	вирус [vírus]	bonita
[ɨ]	первый [pérvij]	sinónimo
[ɛ]	аэропорт [aɛrɔpórt]	mesquita
['u], [ju]	брюнет [brʲunét]	nacional
[ı], [jı]	заяц, язык [záıʦ], [jızĩk]	som neutro, semelhante a um xevá
['a], [ja]	няня, копия [nʲánʲa], [kópija]	Himalaias

ABREVIATURAS
usadas no vocabulário

Abreviaturas do Português

adj	-	adjetivo
adv	-	advérbio
anim.	-	animado
conj.	-	conjunção
desp.	-	desporto
etc.	-	etecetra
ex.	-	por exemplo
f	-	nome feminino
f pl	-	feminino plural
fem.	-	feminino
inanim.	-	inanimado
m	-	nome masculino
m pl	-	masculino plural
m, f	-	masculino, feminino
masc.	-	masculino
mat.	-	matemática
mil.	-	militar
pl	-	plural
prep.	-	preposição
pron.	-	pronome
sb.	-	sobre
sing.	-	singular
v aux	-	verbo auxiliar
vi	-	verbo intransitivo
vi, vt	-	verbo intransitivo, transitivo
vr	-	verbo reflexivo
vt	-	verbo transitivo

Abreviaturas do Russo

возв	-	verbo reflexivo
ж	-	nome feminino
ж мн	-	feminino plural
м	-	nome masculino
м мн	-	masculino plural
м, ж	-	masculino, feminino
мн	-	plural
н/пх	-	verbo intransitivo, transitivo

н/св	-	aspecto perfectivo/imperfectivo
нпх	-	verbo intransitivo
нсв	-	aspecto imperfectivo
пх	-	verbo transitivo
с	-	neutro
с мн	-	neutro plural
св	-	aspecto perfectivo

CONCEITOS BÁSICOS

1. Pronomes

eu	я	[já]
tu	ты	[tĭ]
ele	он	[ón]
ela	она	[ɔná]
ele, ela (neutro)	оно	[ɔnó]
nós	мы	[mĭ]
vocês	вы	[vĭ]
eles, elas	они	[ɔní]

2. Cumprimentos. Saudações

Olá!	Здравствуй!	[zdrástvuj]
Bom dia! (formal)	Здравствуйте!	[zdrástvujte]
Bom dia! (de manhã)	Доброе утро!	[dóbrɔe útrɔ]
Boa tarde!	Добрый день!	[dóbrij dénʲ]
Boa noite!	Добрый вечер!	[dóbrij vetʃer]
cumprimentar (vt)	здороваться (нсв, возв)	[zdɔróvatsa]
Olá!	Привет!	[privét]
saudação (f)	привет (м)	[privét]
saudar (vt)	приветствовать (нсв, пх)	[privétstvɔvatʲ]
Como vai?	Как у вас дела?	[kák u vás delá?]
Como vais?	Как дела?	[kák delá?]
O que há de novo?	Что нового?	[ʃtó nóvɔvɔ?]
Até à vista!	До свидания!	[dɔ svidánija]
Até breve!	До скорой встречи!	[dɔ skórɔj fstrétʃi]
Adeus! (sing.)	Прощай!	[prɔʃáj]
Adeus! (pl)	Прощайте!	[prɔʃájte]
despedir-se (vr)	прощаться (нсв, возв)	[prɔʃátsa]
Até logo!	Пока!	[pɔká]
Obrigado! -a!	Спасибо!	[spasíbɔ]
Muito obrigado! -a!	Большое спасибо!	[bɔlʲʃóe spasíbɔ]
De nada	Пожалуйста	[pɔʒálesta]
Não tem de quê	Не стоит благодарности	[ne stóit blagɔdárnɔsti]
De nada	Не за что	[né za ʃtɔ]
Desculpa!	Извини!	[izviní]
Desculpe!	Извините!	[izviníte]
desculpar (vt)	извинять (нсв, пх)	[izvinʲátʲ]
desculpar-se (vr)	извиняться (нсв, возв)	[izvinʲátsa]

As minhas desculpas	Мои извинения	[mɔí izvinénija]
Desculpe!	Простите!	[prɔstíte]
perdoar (vt)	прощать (нсв, пх)	[prɔʃátʲ]
Não faz mal	Ничего страшного	[nitʃevó stráʃnɔvɔ]
por favor	пожалуйста	[pɔʒáləsta]

Não se esqueça!	Не забудьте!	[ne zabútʲte]
Certamente! Claro!	Конечно!	[kɔnéʃnɔ]
Claro que não!	Конечно нет!	[kɔnéʃnɔ nét]
Está bem! De acordo!	Согласен!	[sɔglásen]
Basta!	Хватит!	[hvátit]

3. Questões

Quem?	Кто?	[któ?]
Que?	Что?	[ʃtó?]
Onde?	Где?	[gdé?]
Para onde?	Куда?	[kudá?]
De onde?	Откуда?	[ɔtkúda?]
Quando?	Когда?	[kɔgdá?]
Para quê?	Зачем?	[zatʃém?]
Porquê?	Почему?	[pɔtʃemú?]

Para quê?	Для чего?	[dlʲa tʃevó?]
Como?	Как?	[kák?]
Qual?	Какой?	[kakój?]
Qual? (entre dois ou mais)	Который?	[kɔtórij?]

A quem?	Кому?	[kɔmú?]
Sobre quem?	О ком?	[ɔ kóm?]
Do quê?	О чём?	[ɔ tʃóm?]
Com quem?	С кем?	[s kém?]

Quanto, -os, -as?	Сколько?	[skólʲkɔ?]
De quem? (masc.)	Чей?	[tʃéj?]
De quem é? (fem.)	Чья?	[tʃjá?]
De quem são? (pl)	Чьи?	[tʃjí?]

4. Preposições

com (prep.)	с	[s]
sem (prep.)	без	[bez], [bes]
a, para (exprime lugar)	в	[f], [v]
sobre (ex. falar ~)	о	[ɔ]
antes de …	перед	[péred]
diante de …	перед	[péred]

sob (debaixo de)	под	[pɔd]
sobre (em cima de)	над	[nád]
sobre (~ a mesa)	на	[na]
de (vir ~ Lisboa)	из	[iz], [is]
de (feito ~ pedra)	из	[iz], [is]

dentro de (~ dez minutos)	через	[ʧérez]
por cima de ...	через	[ʧérez]

5. Palavras funcionais. Advérbios. Parte 1

Onde?	Где?	[gdé?]
aqui	здесь	[zdésʲ]
lá, ali	там	[tám]

em algum lugar	где-то	[gdé-tɔ]
em lugar nenhum	нигде	[nigdé]

ao pé de ...	у, около	[u], [ókɔlɔ]
ao pé da janela	у окна	[u ɔkná]

Para onde?	Куда?	[kudá?]
para cá	сюда	[sʲudá]
para lá	туда	[tudá]
daqui	отсюда	[ɔtsʲúda]
de lá, dali	оттуда	[ɔttúda]

perto	близко	[blískɔ]
longe	далеко	[dalekó]

perto de ...	около	[ókɔlɔ]
ao lado de	рядом	[rʲádɔm]
perto, não fica longe	недалеко	[nedalekó]

esquerdo	левый	[lévij]
à esquerda	слева	[sléva]
para esquerda	налево	[nalévɔ]

direito	правый	[právij]
à direita	справа	[správa]
para direita	направо	[naprávɔ]

à frente	спереди	[spéredi]
da frente	передний	[perédnij]
em frente (para a frente)	вперёд	[fperød]

atrás de ...	сзади	[szádi]
por detrás (vir ~)	сзади	[szádi]
para trás	назад	[nazád]

meio (m), metade (f)	середина (ж)	[seredína]
no meio	посередине	[pɔseredíne]
de lado	сбоку	[zbóku]
em todo lugar	везде	[vezdé]
ao redor (olhar ~)	вокруг	[vɔkrúg]

de dentro	изнутри	[iznutrí]
para algum lugar	куда-то	[kudá-tɔ]
diretamente	напрямик	[naprɪmík]
de volta	обратно	[ɔbrátnɔ]

| de algum lugar | откуда-нибудь | [ɔtkúda-nibutʲ] |
| de um lugar | откуда-то | [ɔtkúda-tɔ] |

em primeiro lugar	во-первых	[vɔ-pérvih]
em segundo lugar	во-вторых	[vɔ-ftɔrĩh]
em terceiro lugar	в-третьих	[f trétjih]

de repente	вдруг	[vdrúg]
no início	вначале	[vnatʃále]
pela primeira vez	впервые	[fpervĩje]
muito antes de ...	задолго до ...	[zadólgɔ dɔ ...]
de novo, novamente	заново	[zánɔvɔ]
para sempre	насовсем	[nasɔfsém]

nunca	никогда	[nikɔgdá]
de novo	опять	[ɔpʲátʲ]
agora	теперь	[tepérʲ]
frequentemente	часто	[ʧástɔ]
então	тогда	[tɔgdá]
urgentemente	срочно	[srótʃnɔ]
usualmente	обычно	[ɔbĩʧnɔ]

a propósito, ...	кстати, ...	[kstáti, ...]
é possível	возможно	[vɔzmóʒnɔ]
provavelmente	вероятно	[verɔjátnɔ]
talvez	может быть	[móʒet bĩtʲ]
além disso, ...	кроме того, ...	[króme tɔvó, ...]
por isso ...	поэтому ...	[pɔǽtɔmu ...]
apesar de ...	несмотря на ...	[nesmɔtrʲá na ...]
graças a ...	благодаря ...	[blagɔdarʲá ...]

que (pron.)	что	[ʃtó]
que (conj.)	что	[ʃtó]
algo	что-то	[ʃtó-tɔ]
alguma coisa	что-нибудь	[ʃtó-nibutʲ]
nada	ничего	[niʧevó]

quem	кто	[któ]
alguém (~ teve uma ideia ...)	кто-то	[któ-tɔ]
alguém	кто-нибудь	[któ-nibutʲ]

ninguém	никто	[niktó]
para lugar nenhum	никуда	[nikudá]
de ninguém	ничей	[niʧéj]
de alguém	чей-нибудь	[ʧej-nibútʲ]

tão	так	[ták]
também (gostaria ~ de ...)	также	[tágʒe]
também (~ eu)	тоже	[tóʒe]

6. Palavras funcionais. Advérbios. Parte 2

| Porquê? | Почему? | [pɔʧemú?] |
| por alguma razão | почему-то | [pɔʧemú-tɔ] |

porque ...	потому, что ...	[pɔtɔmú, ʃtó ...]
por qualquer razão	зачем-то	[zatʃém-tɔ]

e (tu ~ eu)	и	[i]
ou (ser ~ não ser)	или	[íli]
mas (porém)	но	[nó]
para (~ a minha mãe)	для	[dlʲá]

demasiado, muito	слишком	[slíʃkɔm]
só, somente	только	[tólʲkɔ]
exatamente	точно	[tótʃnɔ]
cerca de (~ 10 kg)	около	[ókɔlɔ]

aproximadamente	приблизительно	[priblizítelʲnɔ]
aproximado	приблизительный	[priblizítelʲnij]
quase	почти	[pɔtʃtí]
resto (m)	остальное (c)	[ɔstalʲnóe]

cada	каждый	[káʒdij]
qualquer	любой	[lʲubój]
muito	много	[mnógɔ]
muitas pessoas	многие	[mnógie]
todos	все	[fsé]

em troca de ...	в обмен на ...	[v ɔbmén na ...]
em troca	взамен	[vzamén]
à mão	вручную	[vrutʃnúju]
pouco provável	вряд ли	[vrʲát lí]

provavelmente	наверное	[navérnɔe]
de propósito	нарочно	[naróʃnɔ]
por acidente	случайно	[slutʃájnɔ]

muito	очень	[ótʃenʲ]
por exemplo	например	[naprimér]
entre	между	[méʒdu]
entre (no meio de)	среди	[sredí]
tanto	столько	[stólʲkɔ]
especialmente	особенно	[ɔsóbennɔ]

NÚMEROS. DIVERSOS

7. Números cardinais. Parte 1

zero	ноль	[nólʲ]
um	один	[ɔdín]
dois	два	[dvá]
três	три	[trí]
quatro	четыре	[ʧetĭre]
cinco	пять	[pʲátʲ]
seis	шесть	[ʃǽstʲ]
sete	семь	[sémʲ]
oito	восемь	[vósemʲ]
nove	девять	[dévɪtʲ]
dez	десять	[désɪtʲ]
onze	одиннадцать	[ɔdínatsatʲ]
doze	двенадцать	[dvenátsatʲ]
treze	тринадцать	[trinátsatʲ]
catorze	четырнадцать	[ʧetĭrnatsatʲ]
quinze	пятнадцать	[pitnátsatʲ]
dezasseis	шестнадцать	[ʃɛsnátsatʲ]
dezassete	семнадцать	[semnátsatʲ]
dezoito	восемнадцать	[vɔsemnátsatʲ]
dezanove	девятнадцать	[devitnátsatʲ]
vinte	двадцать	[dvátsatʲ]
vinte e um	двадцать один	[dvátsatʲ ɔdín]
vinte e dois	двадцать два	[dvátsatʲ dvá]
vinte e três	двадцать три	[dvátsatʲ trí]
trinta	тридцать	[trítsatʲ]
trinta e um	тридцать один	[trítsatʲ ɔdín]
trinta e dois	тридцать два	[trítsatʲ dvá]
trinta e três	тридцать три	[trítsatʲ trí]
quarenta	сорок	[sórɔk]
quarenta e um	сорок один	[sórɔk ɔdín]
quarenta e dois	сорок два	[sórɔk dvá]
quarenta e três	сорок три	[sórɔk trí]
cinquenta	пятьдесят	[pɪtʲdesʲát]
cinquenta e um	пятьдесят один	[pɪtʲdesʲát ɔdín]
cinquenta e dois	пятьдесят два	[pɪtʲdesʲát dvá]
cinquenta e três	пятьдесят три	[pɪtʲdesʲát trí]
sessenta	шестьдесят	[ʃɛstʲdesʲát]
sessenta e um	шестьдесят один	[ʃɛstʲdesʲát ɔdín]

| sessenta e dois | шестьдесят два | [ʃɛstʲdesʲát dvá] |
| sessenta e três | шестьдесят три | [ʃɛstʲdesʲát trí] |

setenta	семьдесят	[sémʲdesɪt]
setenta e um	семьдесят один	[sémʲdesɪt ɔdín]
setenta e dois	семьдесят два	[sémʲdesɪt dvá]
setenta e três	семьдесят три	[sémʲdesɪt trí]

oitenta	восемьдесят	[vósemʲdesɪt]
oitenta e um	восемьдесят один	[vósemʲdesɪt ɔdín]
oitenta e dois	восемьдесят два	[vósemʲdesɪt dvá]
oitenta e três	восемьдесят три	[vósemʲdesɪt trí]

noventa	девяносто	[devɪnóstɔ]
noventa e um	девяносто один	[devɪnóstɔ ɔdín]
noventa e dois	девяносто два	[devɪnóstɔ dvá]
noventa e três	девяносто три	[devɪnóstɔ trí]

8. Números cardinais. Parte 2

cem	сто	[stó]
duzentos	двести	[dvésti]
trezentos	триста	[trísta]
quatrocentos	четыреста	[tʃet̃resta]
quinhentos	пятьсот	[pɪtʲsót]

seiscentos	шестьсот	[ʃɛstʲsót]
setecentos	семьсот	[semʲsót]
oitocentos	восемьсот	[vɔsemʲsót]
novecentos	девятьсот	[devɪtʲsót]

mil	тысяча	[t̃sɪtʃa]
dois mil	две тысячи	[dve t̃sɪtʃi]
De quem são ...?	три тысячи	[trí t̃sɪtʃi]
dez mil	десять тысяч	[désɪtʲ t̃sʲatʃ]
cem mil	сто тысяч	[stó t̃sɪtʃ]
um milhão	миллион (м)	[milión]
mil milhões	миллиард (м)	[miliárd]

9. Números ordinais

primeiro	первый	[pérvij]
segundo	второй	[ftɔrój]
terceiro	третий	[trétij]
quarto	четвёртый	[tʃetvǿrtij]
quinto	пятый	[pʲátij]

sexto	шестой	[ʃɛstój]
sétimo	седьмой	[sedʲmój]
oitavo	восьмой	[vɔsʲmój]
nono	девятый	[devʲátij]
décimo	десятый	[desʲátij]

CORES. UNIDADES DE MEDIDA

10. Cores

cor (f)	цвет (м)	[tsvét]
matiz (m)	оттенок (м)	[otténɔk]
tom (m)	тон (м)	[tón]
arco-íris (m)	радуга (ж)	[ráduga]
branco	белый	[bélij]
preto	чёрный	[tʃórnij]
cinzento	серый	[sérij]
verde	зелёный	[zelǿnij]
amarelo	жёлтый	[ʒóltij]
vermelho	красный	[krásnij]
azul	синий	[sínij]
azul claro	голубой	[gɔlubój]
rosa	розовый	[rózɔvij]
laranja	оранжевый	[ɔránʒevij]
violeta	фиолетовый	[fiɔlétɔvij]
castanho	коричневый	[kɔrítʃnevij]
dourado	золотой	[zɔlɔtój]
prateado	серебристый	[serebrístij]
bege	бежевый	[béʒevij]
creme	кремовый	[krémɔvij]
turquesa	бирюзовый	[biriuzóvij]
vermelho cereja	вишнёвый	[viʃnǿvij]
lilás	лиловый	[lilóvij]
carmesim	малиновый	[malínɔvij]
claro	светлый	[svétlij]
escuro	тёмный	[tǿmnij]
vivo	яркий	[járkij]
de cor	цветной	[tsvetnój]
a cores	цветной	[tsvetnój]
preto e branco	чёрно-белый	[tʃórnɔ-bélij]
unicolor	одноцветный	[ɔdnɔtsvétnij]
multicor	разноцветный	[raznɔtsvétnij]

11. Unidades de medida

peso (m)	вес (м)	[vés]
comprimento (m)	длина (ж)	[dliná]

largura (f)	ширина (ж)	[ʃiriná]
altura (f)	высота (ж)	[visɔtá]
profundidade (f)	глубина (ж)	[glubiná]
volume (m)	объём (м)	[ɔbjóm]
área (f)	площадь (ж)	[plóʃatʲ]

grama (m)	грамм (м)	[grám]
miligrama (m)	миллиграмм (м)	[miligrám]
quilograma (m)	килограмм (м)	[kilɔgrám]
tonelada (f)	тонна (ж)	[tónna]
libra (453,6 gramas)	фунт (м)	[fúnt]
onça (f)	унция (ж)	[úntsija]

metro (m)	метр (м)	[métr]
milímetro (m)	миллиметр (м)	[milimétr]
centímetro (m)	сантиметр (м)	[santimétr]
quilómetro (m)	километр (м)	[kilɔmétr]
milha (f)	миля (ж)	[mílʲa]

polegada (f)	дюйм (м)	[dʲújm]
pé (304,74 mm)	фут (м)	[fút]
jarda (914,383 mm)	ярд (м)	[járd]

| metro (m) quadrado | квадратный метр (м) | [kvadrátnij métr] |
| hectare (m) | гектар (м) | [gektár] |

litro (m)	литр (м)	[lítr]
grau (m)	градус (м)	[grádus]
volt (m)	вольт (м)	[vólʲt]
ampere (m)	ампер (м)	[ampér]
cavalo-vapor (m)	лошадиная сила (ж)	[lɔʃidínaja síla]

quantidade (f)	количество (c)	[kɔlítʃestvɔ]
um pouco de ...	немного ...	[nemnógɔ ...]
metade (f)	половина (ж)	[pɔlɔvína]
dúzia (f)	дюжина (ж)	[dʲúʒina]
peça (f)	штука (ж)	[ʃtúka]

| dimensão (f) | размер (м) | [razmér] |
| escala (f) | масштаб (м) | [maʃtáb] |

mínimo	минимальный	[minimálʲnij]
menor, mais pequeno	наименьший	[naiménʲʃij]
médio	средний	[srédnij]
máximo	максимальный	[maksimálʲnij]
maior, mais grande	наибольший	[naibólʲʃij]

12. Recipientes

boião (m) de vidro	банка (ж)	[bánka]
lata (~ de cerveja)	банка (ж)	[bánka]
balde (m)	ведро (c)	[vedró]
barril (m)	бочка (ж)	[bótʃka]
bacia (~ de plástico)	таз (м)	[tás]

tanque (m)	бак (м)	[bák]
cantil (m) de bolso	фляжка (ж)	[flʲáʃka]
bidão (m) de gasolina	канистра (ж)	[kanístra]
cisterna (f)	цистерна (ж)	[tsistǽrna]
caneca (f)	кружка (ж)	[krúʃka]
chávena (f)	чашка (ж)	[tʃáʃka]
pires (m)	блюдце (с)	[blʲútse]
copo (m)	стакан (м)	[stakán]
taça (f) de vinho	бокал (м)	[bɔkál]
panela, caçarola (f)	кастрюля (ж)	[kastrʲúlʲa]
garrafa (f)	бутылка (ж)	[butílka]
gargalo (m)	горлышко (с)	[górlɪʃkɔ]
jarro, garrafa (f)	графин (м)	[grafín]
jarro (m) de barro	кувшин (м)	[kuʃʃín]
recipiente (m)	сосуд (м)	[sɔsúd]
pote (m)	горшок (м)	[gɔrʃók]
vaso (m)	ваза (ж)	[váza]
frasco (~ de perfume)	флакон (м)	[flakón]
frasquinho (ex. ~ de iodo)	пузырёк (м)	[puzirǿk]
tubo (~ de pasta dentífrica)	тюбик (м)	[tʲúbik]
saca (ex. ~ de açúcar)	мешок (м)	[meʃók]
saco (~ de plástico)	пакет (м)	[pakét]
maço (m)	пачка (ж)	[pátʃka]
caixa (~ de sapatos, etc.)	коробка (ж)	[kɔrópka]
caixa (~ de madeira)	ящик (м)	[jáʃik]
cesta (f)	корзина (ж)	[kɔrzína]

VERBOS PRINCIPAIS

13. Os verbos mais importantes. Parte 1

abrir (vt)	открывать (нсв, пх)	[ɔtkrivátʲ]
acabar, terminar (vt)	заканчивать (нсв, пх)	[zakántʃivatʲ]
aconselhar (vt)	советовать (нсв, пх)	[sɔvétɔvatʲ]
adivinhar (vt)	отгадать (св, пх)	[ɔdgadátʲ]
advertir (vt)	предупреждать (нсв, пх)	[predupreʒdátʲ]

ajudar (vt)	помогать (нсв, пх)	[pɔmɔgátʲ]
almoçar (vi)	обедать (нсв, нпх)	[ɔbédatʲ]
alugar (~ um apartamento)	снимать (нсв, пх)	[snimátʲ]
amar (vt)	любить (нсв, пх)	[lʲubítʲ]
ameaçar (vt)	угрожать (нсв, пх)	[ugrɔʒátʲ]

anotar (escrever)	записывать (нсв, пх)	[zapísivatʲ]
apressar-se (vr)	торопиться (нсв, возв)	[tɔrɔpítsa]
arrepender-se (vr)	сожалеть (нсв, нпх)	[sɔʒilétʲ]
assinar (vt)	подписывать (нсв, пх)	[pɔtpísivatʲ]

atirar, disparar (vi)	стрелять (нсв, нпх)	[strelʲátʲ]
brincar (vi)	шутить (нсв, нпх)	[ʃutítʲ]
brincar, jogar (crianças)	играть (нсв, нпх)	[igrátʲ]
buscar (vt)	искать ... (нсв, пх)	[iskátʲ ...]
caçar (vi)	охотиться (нсв, возв)	[ɔhótitsa]
cair (vi)	падать (нсв, нпх)	[pádatʲ]
cavar (vt)	рыть (нсв, пх)	[rītʲ]
cessar (vt)	прекращать (нсв, пх)	[prekraʃátʲ]
chamar (~ por socorro)	звать (нсв, пх)	[zvátʲ]
chegar (vi)	приезжать (нсв, нпх)	[prieʒʒátʲ]
chorar (vi)	плакать (нсв, нпх)	[plákatʲ]

começar (vt)	начинать (нсв, пх)	[natʃinátʲ]
comparar (vt)	сравнивать (нсв, пх)	[srávnivatʲ]
compreender (vt)	понимать (нсв, пх)	[pɔnimátʲ]
concordar (vi)	соглашаться (нсв, возв)	[sɔglaʃátsa]
confiar (vt)	доверять (нсв, пх)	[dɔverʲátʲ]

confundir (equivocar-se)	путать (нсв, пх)	[pútatʲ]
conhecer (vt)	знать (нсв, пх)	[znátʲ]
contar (fazer contas)	считать (нсв, пх)	[ʃitátʲ]
contar com (esperar)	рассчитывать на ... (нсв)	[raʃítivatʲ na ...]
continuar (vt)	продолжать (нсв, пх)	[prɔdɔlʒátʲ]

controlar (vt)	контролировать (нсв, пх)	[kɔntrɔlírɔvatʲ]
convidar (vt)	приглашать (нсв, пх)	[priglaʃátʲ]
correr (vi)	бежать (н/св, нпх)	[beʒátʲ]
criar (vt)	создать (св, пх)	[sɔzdátʲ]
custar (vt)	стоить (нсв, пх)	[stóitʲ]

14. Os verbos mais importantes. Parte 2

dar (vt)	давать (нсв, пх)	[davátʲ]
dar uma dica	подсказать (св, пх)	[potskazátʲ]
decorar (enfeitar)	украшать (нсв, пх)	[ukraʃátʲ]
defender (vt)	защищать (нсв, пх)	[zaʃʲiʃátʲ]
deixar cair (vt)	ронять (нсв, пх)	[ronʲátʲ]

descer (para baixo)	спускаться (нсв, возв)	[spuskátsa]
desculpar (vt)	извинять (нсв, пх)	[izvinʲátʲ]
desculpar-se (vr)	извиняться (нсв, возв)	[izvinʲátsa]
dirigir (~ uma empresa)	руководить (нсв, пх)	[rukɔvɔdítʲ]
discutir (notícias, etc.)	обсуждать (нсв, пх)	[ɔpsuʒdátʲ]
dizer (vt)	сказать (нсв, пх)	[skazátʲ]

duvidar (vt)	сомневаться (нсв, возв)	[sɔmnevátsa]
encontrar (achar)	находить (нсв, пх)	[nahɔdítʲ]
enganar (vt)	обманывать (нсв, пх)	[ɔbmánivatʲ]
entrar (na sala, etc.)	входить (нсв, нпх)	[fhɔdítʲ]
enviar (uma carta)	отправлять (нсв, пх)	[ɔtpravlʲátʲ]

errar (equivocar-se)	ошибаться (нсв, возв)	[ɔʃibátsa]
escolher (vt)	выбирать (нсв, пх)	[vibirátʲ]
esconder (vt)	прятать (нсв, пх)	[prʲátatʲ]

escrever (vt)	писать (нсв, пх)	[pisátʲ]
esperar (o autocarro, etc.)	ждать (нсв, пх)	[ʒdátʲ]

esperar (ter esperança)	надеяться (нсв, возв)	[nadéɪtsa]
esquecer (vt)	забывать (нсв, пх)	[zabivátʲ]
estudar (vt)	изучать (нсв, пх)	[izutʃátʲ]

exigir (vt)	требовать (нсв, пх)	[trébɔvatʲ]
existir (vi)	существовать (нсв, нпх)	[suʃʲestvɔvátʲ]

explicar (vt)	объяснять (нсв, пх)	[ɔbjɪsnʲátʲ]
falar (vi)	говорить (нсв, н/пх)	[gɔvɔrítʲ]
faltar (clases, etc.)	пропускать (нсв, пх)	[prɔpuskátʲ]
fazer (vt)	делать (нсв, пх)	[délatʲ]

ficar em silêncio	молчать (нсв, нпх)	[mɔltʃátʲ]
gabar-se, jactar-se (vr)	хвастаться (нсв, возв)	[hvástatsa]

gostar (apreciar)	нравиться (нсв, возв)	[nrávitsa]
gritar (vi)	кричать (нсв, нпх)	[kritʃátʲ]
guardar (cartas, etc.)	сохранять (нсв, пх)	[sɔhranʲátʲ]

informar (vt)	информировать (н/св, пх)	[infɔrmírɔvatʲ]
insistir (vi)	настаивать (нсв, нпх)	[nastáivatʲ]

insultar (vt)	оскорблять (нсв, пх)	[ɔskɔrblʲátʲ]
interessar-se (vr)	интересоваться (нсв, возв)	[interesɔvátsa]
ir (a pé)	идти (нсв, нпх)	[itʲtí]
ir nadar	купаться (нсв, возв)	[kupátsa]
jantar (vi)	ужинать (нсв, нпх)	[úʒinatʲ]

15. Os verbos mais importantes. Parte 3

ler (vt)	читать (нсв, н/пх)	[tʃitátʲ]
libertar (cidade, etc.)	освобождать (нсв, пх)	[ɔsvɔbɔʒdátʲ]
matar (vt)	убивать (нсв, пх)	[ubivátʲ]
mencionar (vt)	упоминать (нсв, пх)	[upɔminátʲ]
mostrar (vt)	показывать (нсв, пх)	[pɔkázivatʲ]
mudar (modificar)	изменить (св, пх)	[izmenítʲ]
nadar (vi)	плавать (нсв, нпх)	[plávatʲ]
negar-se a …	отказываться (нсв, возв)	[ɔtkázivatsa]
objetar (vt)	возражать (нсв, н/пх)	[vɔzraʒátʲ]
observar (vt)	наблюдать (нсв, н/пх)	[nablʲudátʲ]
ordenar (mil.)	приказывать (нсв, пх)	[prikázivatʲ]
ouvir (vt)	слышать (нсв, пх)	[slɪ̃ʃatʲ]
pagar (vt)	платить (нсв, н/пх)	[platítʲ]
parar (vi)	останавливаться (нсв, возв)	[ɔstanávlivatsa]
participar (vi)	участвовать (нсв, нпх)	[utʃástvɔvatʲ]
pedir (comida)	заказывать (нсв, пх)	[zakázivatʲ]
pedir (um favor, etc.)	просить (нсв, пх)	[prɔsítʲ]
pegar (tomar)	брать (нсв), взять (св)	[brátʲ], [vzʲátʲ]
pensar (vt)	думать (нсв, н/пх)	[dúmatʲ]
perceber (ver)	замечать (нсв, пх)	[zametʃátʲ]
perdoar (vt)	прощать (нсв, пх)	[prɔʃátʲ]
perguntar (vt)	спрашивать (нсв, пх)	[spráʃivatʲ]
permitir (vt)	разрешать (нсв, пх)	[razreʃátʲ]
pertencer a …	принадлежать … (нсв, нпх)	[prinadleʒátʲ …]
planear (vt)	планировать (нсв, пх)	[planírɔvatʲ]
poder (vi)	мочь (нсв, нпх)	[mótʲ]
possuir (vt)	владеть (нсв, пх)	[vladétʲ]
preferir (vt)	предпочитать (нсв, пх)	[pretpɔtʃitátʲ]
preparar (vt)	готовить (нсв, пх)	[gɔtóvitʲ]
prever (vt)	предвидеть (нсв, пх)	[predvídetʲ]
prometer (vt)	обещать (н/св, пх)	[ɔbeʃátʲ]
pronunciar (vt)	произносить (нсв, пх)	[prɔiznɔsítʲ]
propor (vt)	предлагать (нсв, пх)	[predlagátʲ]
punir (castigar)	наказывать (нсв, пх)	[nakázivatʲ]

16. Os verbos mais importantes. Parte 4

quebrar (vt)	ломать (нсв, пх)	[lɔmátʲ]
queixar-se (vr)	жаловаться (нсв, возв)	[ʒálɔvatsa]
querer (desejar)	хотеть (нсв, пх)	[hɔtétʲ]
recomendar (vt)	рекомендовать (нсв, пх)	[rekɔmendɔvátʲ]
repetir (dizer outra vez)	повторять (нсв, пх)	[pɔftɔrʲátʲ]
repreender (vt)	ругать (нсв, пх)	[rugátʲ]
reservar (~ um quarto)	резервировать (н/св, пх)	[rezervírɔvatʲ]

responder (vt)	отвечать (нсв, пх)	[ɔtvetʃátʲ]
rezar, orar (vi)	молиться (нсв, возв)	[mɔlítsa]
rir (vi)	смеяться (нсв, возв)	[smejátsa]

roubar (vt)	красть (нсв, н/пх)	[krástʲ]
sair (~ de casa)	выходить (нсв, нпх)	[vɨhɔdítʲ]
salvar (vt)	спасать (нсв, пх)	[spasátʲ]
seguir …	следовать за … (нсв)	[slédɔvatʲ za …]

sentar-se (vr)	садиться (нсв, возв)	[sadítsa]
ser necessário	требоваться (нсв, возв)	[trébɔvatsa]
ser, estar	быть (нсв, нпх)	[bɨ̃tʲ]
significar (vt)	означать (нсв, пх)	[ɔznatʃátʲ]

sorrir (vi)	улыбаться (нсв, возв)	[ulɨbátsa]
subestimar (vt)	недооценивать (нсв, пх)	[nedɔɔtsǽnivatʲ]
surpreender-se (vr)	удивляться (нсв, возв)	[udivlʲátsa]
tentar (vt)	пробовать (нсв, пх)	[próbɔvatʲ]

ter (vt)	иметь (нсв, пх)	[imétʲ]
ter fome	хотеть есть (нсв)	[hɔtétʲ éstʲ]
ter medo	бояться (нсв, возв)	[bɔjátsa]
ter sede	хотеть пить	[hɔtétʲ pítʲ]

tocar (com as mãos)	трогать (нсв, пх)	[trógatʲ]
tomar o pequeno-almoço	завтракать (нсв, нпх)	[záftrakatʲ]
trabalhar (vi)	работать (нсв, нпх)	[rabótatʲ]
traduzir (vt)	переводить (нсв, пх)	[perevɔdítʲ]
unir (vt)	объединять (нсв, пх)	[ɔbjedinʲátʲ]

vender (vt)	продавать (нсв, пх)	[prɔdavátʲ]
ver (vt)	видеть (нсв, пх)	[vídetʲ]
virar (ex. ~ à direita)	поворачивать (нсв, нпх)	[pɔvɔrátʃivatʲ]

TEMPO. CALENDÁRIO

17. Dias da semana

segunda-feira (f)	понедельник (м)	[ponedélʲnik]
terça-feira (f)	вторник (м)	[ftórnik]
quarta-feira (f)	среда (ж)	[sredá]
quinta-feira (f)	четверг (м)	[tʃetvérg]
sexta-feira (f)	пятница (ж)	[pʲátnitsa]
sábado (m)	суббота (ж)	[subóta]
domingo (m)	воскресенье (с)	[voskresénje]
hoje	сегодня	[sevódnʲa]
amanhã	завтра	[záftra]
depois de amanhã	послезавтра	[poslezáftra]
ontem	вчера	[ftʃerá]
anteontem	позавчера	[pozaftʃerá]
dia (m)	день (м)	[dénʲ]
dia (m) de trabalho	рабочий день (м)	[rabótʃij dénʲ]
feriado (m)	празник (м)	[práznik]
dia (m) de folga	выходной день (м)	[vihodnój dénʲ]
fim (m) de semana	выходные (мн)	[vihodnĩje]
o dia todo	весь день	[vesʲ dénʲ]
no dia seguinte	на следующий день	[na sléduʃij dénʲ]
há dois dias	2 дня назад	[dvá dnʲá nazád]
na véspera	накануне	[nakanúne]
diário	ежедневный	[eʒednévnij]
todos os dias	ежедневно	[eʒednévno]
semana (f)	неделя (ж)	[nedélʲa]
na semana passada	на прошлой неделе	[na próʃloj nedéle]
na próxima semana	на следующей неделе	[na sléduʃej nedéle]
semanal	еженедельный	[eʒenedélʲnij]
cada semana	еженедельно	[eʒenedélʲno]
duas vezes por semana	2 раза в неделю	[dvá ráza v nedélʲu]
cada terça-feira	каждый вторник	[káʒdij ftórnik]

18. Horas. Dia e noite

manhã (f)	утро (с)	[útro]
de manhã	утром	[útrom]
meio-dia (m)	полдень (м)	[póldenʲ]
à tarde	после обеда	[pósle obéda]
noite (f)	вечер (м)	[vétʃer]
à noite (noitinha)	вечером	[vétʃerom]

noite (f)	ночь (ж)	[nótʃ]
à noite	ночью	[nótʃju]
meia-noite (f)	полночь (ж)	[pólnotʃ]

segundo (m)	секунда (ж)	[sekúnda]
minuto (m)	минута (ж)	[minúta]
hora (f)	час (м)	[tʃás]
meia hora (f)	полчаса (мн)	[poltʃasá]
quarto (m) de hora	четверть (ж) часа	[tʃétvertʲ tʃása]
quinze minutos	15 минут	[pitnátsatʲ minút]
vinte e quatro horas	сутки (мн)	[sútki]

nascer (m) do sol	восход (м) солнца	[vosxód sóntsa]
amanhecer (m)	рассвет (м)	[rasvét]
madrugada (f)	раннее утро (с)	[ránnee útro]
pôr do sol (m)	закат (м)	[zakát]

de madrugada	рано утром	[ráno útrom]
hoje de manhã	сегодня утром	[sevódnʲa útrom]
amanhã de manhã	завтра утром	[záftra útrom]

hoje à tarde	сегодня днём	[sevódnʲa dnǿm]
à tarde	после обеда	[pósle obéda]
amanhã à tarde	завтра после обеда	[záftra pósle obéda]

| hoje à noite | сегодня вечером | [sevódnʲa vétʃerom] |
| amanhã à noite | завтра вечером | [záftra vetʃerom] |

às três horas em ponto	ровно в 3 часа	[róvno f trí tʃasá]
por volta das quatro	около 4-х часов	[ókolo tʃetîróh tʃasóf]
às doze	к 12-ти часам	[k dvenátsatí tʃasám]

dentro de vinte minutos	через 20 минут	[tʃéres dvátsatʲ minút]
dentro duma hora	через час	[tʃéres tʃás]
a tempo	вовремя	[vóvremʲa]

menos um quarto	без четверти …	[bes tʃétverti …]
durante uma hora	в течение часа	[f tetʃénie tʃása]
a cada quinze minutos	каждые 15 минут	[káʒdie pitnátsatʲ minút]
as vinte e quatro horas	круглые сутки	[krúglie sútki]

19. Meses. Estações

janeiro (m)	январь (м)	[jɪnvárʲ]
fevereiro (m)	февраль (м)	[fevrálʲ]
março (m)	март (м)	[márt]
abril (m)	апрель (м)	[aprélʲ]
maio (m)	май (м)	[máj]
junho (m)	июнь (м)	[ijúnʲ]

julho (m)	июль (м)	[ijúlʲ]
agosto (m)	август (м)	[ávgust]
setembro (m)	сентябрь (м)	[sentʲábrʲ]
outubro (m)	октябрь (м)	[oktʲábrʲ]

| novembro (m) | ноябрь (м) | [nɔjábrʲ] |
| dezembro (m) | декабрь (м) | [dekábrʲ] |

primavera (f)	весна (ж)	[vesná]
na primavera	весной	[vesnój]
primaveril	весенний	[vesénnij]

verão (m)	лето (c)	[létɔ]
no verão	летом	[létɔm]
de verão	летний	[létnij]

outono (m)	осень (ж)	[ósenʲ]
no outono	осенью	[ósenju]
outonal	осенний	[ɔsénnij]

inverno (m)	зима (ж)	[zimá]
no inverno	зимой	[zimój]
de inverno	зимний	[zímnij]

mês (m)	месяц (м)	[mésɪts]
este mês	в этом месяце	[v ǽtɔm mésɪtse]
no próximo mês	в следующем месяце	[f sléduʃem mésɪtse]
no mês passado	в прошлом месяце	[f próʃlɔm mésɪtse]

há um mês	месяц назад	[mésɪts nazád]
dentro de um mês	через месяц	[tʃéres mésɪts]
dentro de dois meses	через 2 месяца	[tʃéres dvá mésitsa]
todo o mês	весь месяц	[vesʲ mésɪts]
um mês inteiro	целый месяц	[tsǽlij mésɪts]

mensal	ежемесячный	[eʒemésɪtʃnij]
mensalmente	ежемесячно	[eʒemésɪtʃnɔ]
cada mês	каждый месяц	[káʒdij mésɪts]
duas vezes por mês	2 раза в месяц	[dvá ráza v mésɪts]

ano (m)	год (м)	[gód]
este ano	в этом году	[v ǽtɔm gɔdú]
no próximo ano	в следующем году	[f sléduʃem gɔdú]
no ano passado	в прошлом году	[f próʃlɔm gɔdú]

há um ano	год назад	[gót nazád]
dentro dum ano	через год	[tʃéres gód]
dentro de 2 anos	через 2 года	[tʃéres dvá góda]
todo o ano	весь год	[vesʲ gód]
um ano inteiro	целый год	[tsǽlij gód]

cada ano	каждый год	[káʒdij gód]
anual	ежегодный	[eʒegódnij]
anualmente	ежегодно	[eʒegódnɔ]
quatro vezes por ano	4 раза в год	[tʃetïre ráza v gód]

data (~ de hoje)	число (c)	[tʃisló]
data (ex. ~ de nascimento)	дата (ж)	[dáta]
calendário (m)	календарь (м)	[kalendárʲ]
meio ano	полгода	[pɔlgóda]
seis meses	полугодие (c)	[pɔlugódie]

| estação (f) | сезон (м) | [sezón] |
| século (m) | век (м) | [vék] |

VIAGENS. HOTEL

20. Viagens

turismo (m)	туризм (м)	[turízm]
turista (m)	турист (м)	[turíst]
viagem (f)	путешествие (с)	[puteʃǽstvie]
aventura (f)	приключение (с)	[priklʲutʃénie]
viagem (f)	поездка (ж)	[pɔéstka]
férias (f pl)	отпуск (м)	[ótpusk]
estar de férias	быть в отпуске	[bɨtʲ v ótpuske]
descanso (m)	отдых (м)	[ótdɨh]
comboio (m)	поезд (м)	[pɔézd]
de comboio (chegar ~)	поездом	[pɔézdɔm]
avião (m)	самолёт (м)	[samɔlɐ́t]
de avião	самолётом	[samɔlɐ́tɔm]
de carro	на автомобиле	[na aftɔmɔbíle]
de navio	на корабле	[na kɔrablé]
bagagem (f)	багаж (м)	[bagáʃ]
mala (f)	чемодан (м)	[tʃemɔdán]
carrinho (m)	тележка (ж) для багажа	[teléʃka dlʲa bagaʒá]
passaporte (m)	паспорт (м)	[páspɔrt]
visto (m)	виза (ж)	[víza]
bilhete (m)	билет (м)	[bilét]
bilhete (m) de avião	авиабилет (м)	[aviabilét]
guia (m) de viagem	путеводитель (м)	[putevɔdítelʲ]
mapa (m)	карта (ж)	[kárta]
local (m), area (f)	местность (ж)	[mésnɔstʲ]
lugar, sítio (m)	место (с)	[méstɔ]
exotismo (m)	экзотика (ж)	[ɛkzótika]
exótico	экзотический	[ɛkzɔtítʃeskij]
surpreendente	удивительный	[udivítelʲnij]
grupo (m)	группа (ж)	[grúpa]
excursão (f)	экскурсия (ж)	[ɛkskúrsija]
guia (m)	экскурсовод (м)	[ɛkskursɔvód]

21. Hotel

hotel (m)	гостиница (ж)	[gɔstínitsa]
motel (m)	мотель (м)	[mɔtǽlʲ]
três estrelas	3 звезды	[trí zvezdɨ̄]

| cinco estrelas | 5 звёзд | [pʲátʲ zvʲόzd] |
| ficar (~ num hotel) | остановиться (св, возв) | [ɔstanɔvítsa] |

quarto (m)	номер (м)	[nómer]
quarto (m) individual	одноместный номер (м)	[ɔdnɔ·mésnʲij nómer]
quarto (m) duplo	двухместный номер (м)	[dvuh·mésnʲij nómer]
reservar um quarto	бронировать номер	[brɔnírɔvatʲ nómer]

| meia pensão (f) | полупансион (м) | [pɔlu·pansión] |
| pensão (f) completa | полный пансион (м) | [pólnʲij pansión] |

com banheira	с ванной	[s vánnɔj]
com duche	с душем	[s dúʃɛm]
televisão (m) satélite	спутниковое телевидение (c)	[spútnikɔvɔe televídenie]
ar (m) condicionado	кондиционер (м)	[kɔnditsiɔnér]
toalha (f)	полотенце (c)	[pɔlɔténtse]
chave (f)	ключ (м)	[klʲútʃ]

administrador (m)	администратор (м)	[administrátɔr]
camareira (f)	горничная (ж)	[górnitʃnaja]
bagageiro (m)	носильщик (м)	[nɔsílʲʃik]
porteiro (m)	портье (c)	[pɔrtjé]

restaurante (m)	ресторан (м)	[restɔrán]
bar (m)	бар (м)	[bár]
pequeno-almoço (m)	завтрак (м)	[záftrak]
jantar (m)	ужин (м)	[úʒin]
buffet (m)	шведский стол (м)	[ʃvétskij stól]

| hall (m) de entrada | вестибюль (м) | [vestibʲúlʲ] |
| elevador (m) | лифт (м) | [líft] |

| NÃO PERTURBE | НЕ БЕСПОКОИТЬ | [ne bespɔkóitʲ] |
| PROIBIDO FUMAR! | НЕ КУРИТЬ! | [ne kurítʲ] |

22. Turismo

monumento (m)	памятник (м)	[pámʲtnik]
fortaleza (f)	крепость (ж)	[krépɔstʲ]
palácio (m)	дворец (м)	[dvɔréts]
castelo (m)	замок (м)	[zámɔk]
torre (f)	башня (ж)	[báʃnʲa]
mausoléu (m)	мавзолей (м)	[mavzɔléj]

arquitetura (f)	архитектура (ж)	[arhitektúra]
medieval	средневековый	[srednevekóvij]
antigo	старинный	[starínnij]
nacional	национальный	[natsionálʲnij]
conhecido	известный	[izvésnij]

turista (m)	турист (м)	[turíst]
guia (pessoa)	гид (м)	[gíd]
excursão (f)	экскурсия (ж)	[ɛkskúrsija]

| mostrar (vt) | показывать (нсв, пх) | [pokázivatʲ] |
| contar (vt) | рассказывать (нсв, пх) | [raskázivatʲ] |

encontrar (vt)	найти (св, пх)	[najtí]
perder-se (vr)	потеряться (св, возв)	[poterʲátsa]
mapa (~ do metrô)	схема (ж)	[sxéma]
mapa (~ da cidade)	план (м)	[plán]

lembrança (f), presente (m)	сувенир (м)	[suvenír]
loja (f) de presentes	магазин (м) сувениров	[magazín suvenírof]
fotografar (vt)	фотографировать (нсв, пх)	[fotografírovatʲ]
fotografar-se	фотографироваться (нсв, возв)	[fotografírovatsa]

TRANSPORTES

23. Aeroporto

aeroporto (m)	аэропорт (м)	[aɛrɔpórt]
avião (m)	самолёт (м)	[samɔlǿt]
companhia (f) aérea	авиакомпания (ж)	[avia·kɔmpánija]
controlador (m) de tráfego aéreo	авиадиспетчер (м)	[avia·dispétʃer]

partida (f)	вылет (м)	[vīlet]
chegada (f)	прилёт (м)	[prilǿt]
chegar (~ de avião)	прилететь (св, нпх)	[priletétʲ]

hora (f) de partida	время (с) вылета	[vrémʲa vīleta]
hora (f) de chegada	время (с) прилёта	[vrémʲa prilǿta]

estar atrasado	задерживаться (нсв, возв)	[zadérʒivatsa]
atraso (m) de voo	задержка (ж) вылета	[zadérʃka vīleta]

painel (m) de informação	информационное табло (с)	[informatsiónnɔe tabló]
informação (f)	информация (ж)	[informátsija]
anunciar (vt)	объявлять (нсв, пх)	[ɔbjɪvlʲátʲ]
voo (m)	рейс (м)	[réjs]

alfândega (f)	таможня (ж)	[tamóʒnʲa]
funcionário (m) da alfândega	таможенник (м)	[tamóʒenik]

declaração (f) alfandegária	декларация (ж)	[deklarátsija]
preencher (vt)	заполнить (св, пх)	[zapólnitʲ]
preencher a declaração	заполнить декларацию	[zapólnitʲ deklarátsiju]
controlo (m) de passaportes	паспортный контроль (м)	[páspɔrtnij kɔntrólʲ]

bagagem (f)	багаж (м)	[bagáʃ]
bagagem (f) de mão	ручная кладь (ж)	[rutʃnája klátʲ]
carrinho (m)	тележка (ж) для багажа	[teléʃka dlʲa bagaʒá]

aterragem (f)	посадка (ж)	[pɔsátka]
pista (f) de aterragem	посадочная полоса (ж)	[pɔsádɔtʃnaja pɔlɔsá]
aterrar (vi)	садиться (нсв, возв)	[sadítsa]
escada (f) de avião	трап (м)	[tráp]

check-in (m)	регистрация (ж)	[registrátsija]
balcão (m) do check-in	стойка (ж) регистрации	[stójka registrátsii]
fazer o check-in	зарегистрироваться (св, возв)	[zaregistrírɔvatsa]

cartão (m) de embarque	посадочный талон (м)	[pɔsádɔtʃnij talón]
porta (f) de embarque	выход (м)	[vīhɔd]
trânsito (m)	транзит (м)	[tranzít]
esperar (vi, vt)	ждать (нсв, пх)	[ʒdátʲ]

sala (f) de espera	зал (м) ожидания	[zál oʒidánija]
despedir-se de ...	провожать (нсв, пх)	[prɔvɔʒátʲ]
despedir-se (vr)	прощаться (нсв, возв)	[prɔʃátsa]

24. Avião

avião (m)	самолёт (м)	[samɔlɵt]
bilhete (m) de avião	авиабилет (м)	[aviabilét]
companhia (f) aérea	авиакомпания (ж)	[avia·kɔmpánija]
aeroporto (m)	аэропорт (м)	[aɛrɔpórt]
supersónico	сверхзвуковой	[sverh·zvukɔvój]

comandante (m) do avião	командир (м) корабля	[kɔmandír kɔrablʲá]
tripulação (f)	экипаж (м)	[ɛkipáʃ]
piloto (m)	пилот (м)	[pilót]
hospedeira (f) de bordo	стюардесса (ж)	[stʲuardǽsa]
copiloto (m)	штурман (м)	[ʃtúrman]

asas (f pl)	крылья (с мн)	[krǐlja]
cauda (f)	хвост (м)	[hvóst]
cabine (f) de pilotagem	кабина (ж)	[kabína]
motor (m)	двигатель (м)	[dvígatelʲ]
trem (m) de aterragem	шасси (с)	[ʃassí]
turbina (f)	турбина (ж)	[turbína]

| hélice (f) | пропеллер (м) | [prɔpéller] |
| caixa-preta (f) | чёрный ящик (м) | [ʧɵrnij jáʃik] |

| coluna (f) de controlo | штурвал (м) | [ʃturvál] |
| combustível (m) | горючее (с) | [gɔrʲúʧee] |

instruções (f pl) de segurança	инструкция по безопасности	[instrúktsija pɔ bezɔpásnɔsti]
máscara (f) de oxigénio	кислородная маска (ж)	[kislɔródnaja máska]
uniforme (m)	униформа (ж)	[unifórma]

| colete (m) salva-vidas | спасательный жилет (м) | [spasátelʲnij ʒilét] |
| paraquedas (m) | парашют (м) | [paraʃút] |

descolagem (f)	взлёт (м)	[vzlɵt]
descolar (vi)	взлетать (нсв, нпх)	[vzletátʲ]
pista (f) de descolagem	взлётная полоса (ж)	[vzlɵtnaja pɔlasá]

| visibilidade (f) | видимость (ж) | [vídimɔstʲ] |
| voo (m) | полёт (м) | [pɔlɵt] |

| altura (f) | высота (ж) | [visɔtá] |
| poço (m) de ar | воздушная яма (ж) | [vɔzdúʃnaja jáma] |

assento (m)	место (с)	[méstɔ]
auscultadores (m pl)	наушники (м мн)	[naúʃniki]
mesa (f) rebatível	откидной столик (м)	[ɔtkidnój stólik]
vigia (f)	иллюминатор (м)	[ilʲuminátɔr]
passagem (f)	проход (м)	[prɔhód]

25. Comboio

comboio (m)	поезд (м)	[póezd]
comboio (m) suburbano	электричка (ж)	[ɛlektrítʃka]
comboio (m) rápido	скорый поезд (м)	[skórij póezd]
locomotiva (f) diesel	тепловоз (м)	[teplɔvós]
locomotiva (f) a vapor	паровоз (м)	[parɔvós]
carruagem (f)	вагон (м)	[vagón]
carruagem restaurante (f)	вагон-ресторан (м)	[vagón-restɔrán]
carris (m pl)	рельсы (мн)	[rélʲsi]
caminho de ferro (m)	железная дорога (ж)	[ʒeléznaja dɔróga]
travessa (f)	шпала (ж)	[ʃpála]
plataforma (f)	платформа (ж)	[platfórma]
linha (f)	путь (м)	[pútʲ]
semáforo (m)	семафор (м)	[semafór]
estação (f)	станция (ж)	[stántsija]
maquinista (m)	машинист (м)	[maʃiníst]
bagageiro (m)	носильщик (м)	[nɔsílʲʃik]
hospedeiro, -a (da carruagem)	проводник (м)	[prɔvɔdník]
passageiro (m)	пассажир (м)	[pasaʒīr]
revisor (m)	контролёр (м)	[kɔntrɔlǿr]
corredor (m)	коридор (м)	[kɔridór]
freio (m) de emergência	стоп-кран (м)	[stɔp-krán]
compartimento (m)	купе (с)	[kupǽ]
cama (f)	полка (ж)	[pólka]
cama (f) de cima	верхняя полка (ж)	[vérhnʲaja pólka]
cama (f) de baixo	нижняя полка (ж)	[níʒnʲaja pólka]
roupa (f) de cama	постельное бельё (с)	[pɔstélʲnɔe beljǿ]
bilhete (m)	билет (м)	[bilét]
horário (m)	расписание (с)	[raspisánie]
painel (m) de informação	табло (с)	[tabló]
partir (vt)	отходить (нсв, нпх)	[ɔtxɔdítʲ]
partida (f)	отправление (с)	[ɔtpravlénie]
chegar (vi)	прибывать (нсв, нпх)	[pribivátʲ]
chegada (f)	прибытие (с)	[pribītie]
chegar de comboio	приехать поездом	[priéhatʲ póezdɔm]
apanhar o comboio	сесть на поезд	[séstʲ na póezd]
sair do comboio	сойти с поезда	[sɔjtí s póezda]
acidente (m) ferroviário	крушение (с)	[kruʃǽnie]
descarrilar (vi)	сойти с рельс	[sɔjtí s rélʲs]
locomotiva (f) a vapor	паровоз (м)	[parɔvós]
fogueiro (m)	кочегар (м)	[kɔtʃegár]
fornalha (f)	топка (ж)	[tópka]
carvão (m)	уголь (м)	[úgɔlʲ]

26. Barco

navio (m)	корабль (м)	[kɔráblʲ]
embarcação (f)	судно (с)	[súdnɔ]
vapor (m)	пароход (м)	[parɔhód]
navio (m)	теплоход (м)	[teplɔhód]
transatlântico (m)	лайнер (м)	[lájner]
cruzador (m)	крейсер (м)	[kréjser]
iate (m)	яхта (ж)	[jáhta]
rebocador (m)	буксир (м)	[buksír]
barcaça (f)	баржа (ж)	[barʒá]
ferry (m)	паром (м)	[paróm]
veleiro (m)	парусник (м)	[párusnik]
bergantim (m)	бригантина (ж)	[brigantína]
quebra-gelo (m)	ледокол (м)	[ledɔkól]
submarino (m)	подводная лодка (ж)	[pɔdvódnaja lótka]
bote, barco (m)	лодка (ж)	[lótka]
bote, dingue (m)	шлюпка (ж)	[ʃlʲúpka]
bote (m) salva-vidas	спасательная шлюпка (ж)	[spasátelʲnaja ʃlʲúpka]
lancha (f)	катер (м)	[káter]
capitão (m)	капитан (м)	[kapitán]
marinheiro (m)	матрос (м)	[matrós]
marujo (m)	моряк (м)	[mɔrʲák]
tripulação (f)	экипаж (м)	[ɛkipáʃ]
contramestre (m)	боцман (м)	[bótsman]
grumete (m)	юнга (м)	[júnga]
cozinheiro (m) de bordo	кок (м)	[kók]
médico (m) de bordo	судовой врач (м)	[sudɔvój vrátʃ]
convés (m)	палуба (ж)	[páluba]
mastro (m)	мачта (ж)	[mátʃta]
vela (f)	парус (м)	[párus]
porão (m)	трюм (м)	[trʲúm]
proa (f)	нос (м)	[nós]
popa (f)	корма (ж)	[kɔrmá]
remo (m)	весло (с)	[vesló]
hélice (f)	винт (м)	[vínt]
camarote (m)	каюта (ж)	[kajúta]
sala (f) dos oficiais	кают-компания (ж)	[kajút-kɔmpánija]
sala (f) das máquinas	машинное отделение (с)	[maʃínnɔe ɔtdelénie]
ponte (m) de comando	капитанский мостик (м)	[kapitánskij móstik]
sala (f) de comunicações	радиорубка (ж)	[radiɔ·rúpka]
onda (f) de rádio	волна (ж)	[vɔlná]
diário (m) de bordo	судовой журнал (м)	[sudɔvój ʒurnál]
luneta (f)	подзорная труба (ж)	[pɔdzórnaja trubá]
sino (m)	колокол (м)	[kólɔkɔl]

bandeira (f)	флаг (м)	[flág]
cabo (m)	канат (м)	[kanát]
nó (m)	узел (м)	[úzel]

| corrimão (m) | поручень (м) | [pórutʃenʲ] |
| prancha (f) de embarque | трап (м) | [tráp] |

âncora (f)	якорь (м)	[jákorʲ]
recolher a âncora	поднять якорь	[podnʲátʲ jákorʲ]
lançar a âncora	бросить якорь	[brósitʲ jákorʲ]
amarra (f)	якорная цепь (ж)	[jákornaja tsǽpʲ]

porto (m)	порт (м)	[pórt]
cais, amarradouro (m)	причал (м)	[pritʃál]
atracar (vi)	причаливать (нсв, нпх)	[pritʃálivatʲ]
desatracar (vi)	отчаливать (нсв, нпх)	[ottʃálivatʲ]

viagem (f)	путешествие (c)	[puteʃǽstvie]
cruzeiro (m)	круиз (м)	[kruís]
rumo (m), rota (f)	курс (м)	[kúrs]
itinerário (m)	маршрут (м)	[marʃrút]

canal (m) navegável	фарватер (м)	[farvátɛr]
banco (m) de areia	мель (ж)	[mélʲ]
encalhar (vt)	сесть на мель	[séstʲ na mélʲ]

tempestade (f)	буря (ж)	[búrʲa]
sinal (m)	сигнал (м)	[signál]
afundar-se (vr)	тонуть (нсв, нпх)	[tonútʲ]
Homem ao mar!	Человек за бортом!	[tʃelovék za bórtom]
SOS	SOS (м)	[sós]
boia (f) salva-vidas	спасательный круг (м)	[spasátelʲnij krúg]

CIDADE

autocarro (m)	автобус (м)	[aftóbus]
elétrico (m)	трамвай (м)	[tramváj]
troleicarro (m)	троллейбус (м)	[troléjbus]
itinerário (m)	маршрут (м)	[marʃrút]
número (m)	номер (м)	[nómer]
ir de … (carro, etc.)	ехать на … (нсв)	[éhatʲ na …]
entrar (~ no autocarro)	сесть на … (св)	[séstʲ na …]
descer de …	сойти с … (св)	[sojtí s …]
paragem (f)	остановка (ж)	[ɔstanófka]
próxima paragem (f)	следующая остановка (ж)	[sléduʃaja ɔstanófka]
ponto (m) final	конечная остановка (ж)	[kɔnétʃnaja ɔstanófka]
horário (m)	расписание (с)	[raspisánie]
esperar (vt)	ждать (нсв, пх)	[ʒdátʲ]
bilhete (m)	билет (м)	[bilét]
custo (m) do bilhete	стоимость (ж) билета	[stóimɔstʲ biléta]
bilheteiro (m)	кассир (м)	[kassír]
controlo (m) dos bilhetes	контроль (м)	[kɔntrólʲ]
revisor (m)	контролёр (м)	[kɔntrolǿr]
atrasar-se (vr)	опаздывать на … (нсв, нпх)	[ɔpázdivatʲ na …]
perder (o autocarro, etc.)	опоздать на … (св, нпх)	[ɔpɔzdátʲ na …]
estar com pressa	спешить (нсв, нпх)	[speʃítʲ]
táxi (m)	такси (с)	[taksí]
taxista (m)	таксист (м)	[taksíst]
de táxi (ir ~)	на такси	[na taksí]
praça (f) de táxis	стоянка (ж) такси	[stɔjánka taksí]
chamar um táxi	вызвать такси	[vīzvatʲ taksí]
apanhar um táxi	взять такси	[vzʲátʲ taksí]
tráfego (m)	уличное движение (с)	[úlitʃnɔe dviʒǽnie]
engarrafamento (m)	пробка (ж)	[própka]
horas (f pl) de ponta	часы пик (м)	[tʃasī pík]
estacionar (vi)	парковаться (нсв, возв)	[parkɔvátsa]
estacionar (vt)	парковать (нсв, пх)	[parkɔvátʲ]
parque (m) de estacionamento	стоянка (ж)	[stɔjánka]
metro (m)	метро (с)	[metró]
estação (f)	станция (ж)	[stántsija]
ir de metro	ехать на метро	[éhatʲ na metró]
comboio (m)	поезд (м)	[póezd]
estação (f)	вокзал (м)	[vɔkzál]

38

28. Cidade. Vida na cidade

cidade (f)	город (м)	[górɔd]
capital (f)	столица (ж)	[stɔlítsa]
aldeia (f)	деревня (ж)	[derévnʲa]
mapa (m) da cidade	план (м) города	[plán górɔda]
centro (m) da cidade	центр (м) города	[tsǽntr górɔda]
subúrbio (m)	пригород (м)	[prígorɔd]
suburbano	пригородный	[prígorɔdnij]
periferia (f)	окраина (ж)	[ɔkráina]
arredores (m pl)	окрестности (ж мн)	[ɔkrésnɔsti]
quarteirão (m)	квартал (м)	[kvartál]
quarteirão (m) residencial	жилой квартал (м)	[ʒilój kvartál]
tráfego (m)	движение (с)	[dviʒǽnie]
semáforo (m)	светофор (м)	[svetɔfór]
transporte (m) público	городской транспорт (м)	[gɔrɔtskój tránspɔrt]
cruzamento (m)	перекрёсток (м)	[perekrǿstɔk]
passadeira (f)	переход (м)	[perehód]
passagem (f) subterrânea	подземный переход (м)	[pɔdzémnij perehód]
cruzar, atravessar (vt)	переходить (нсв, н/пх)	[perehodítʲ]
peão (m)	пешеход (м)	[peʃehód]
passeio (m)	тротуар (м)	[trɔtuár]
ponte (f)	мост (м)	[móst]
margem (f) do rio	набережная (ж)	[nábereʒnaja]
fonte (f)	фонтан (м)	[fɔntán]
alameda (f)	аллея (ж)	[aléja]
parque (m)	парк (м)	[párk]
bulevar (m)	бульвар (м)	[bulʲvár]
praça (f)	площадь (ж)	[plóʃʲatʲ]
avenida (f)	проспект (м)	[prɔspékt]
rua (f)	улица (ж)	[úlitsa]
travessa (f)	переулок (м)	[pereúlɔk]
beco (m) sem saída	тупик (м)	[tupík]
casa (f)	дом (м)	[dóm]
edifício, prédio (m)	здание (с)	[zdánie]
arranha-céus (m)	небоскрёб (м)	[nebɔskrǿb]
fachada (f)	фасад (м)	[fasád]
telhado (m)	крыша (ж)	[krĩʃa]
janela (f)	окно (с)	[ɔknó]
arco (m)	арка (ж)	[árka]
coluna (f)	колонна (ж)	[kɔlóna]
esquina (f)	угол (м)	[úgɔl]
montra (f)	витрина (ж)	[vitrína]
letreiro (m)	вывеска (ж)	[vĩveska]
cartaz (m)	афиша (ж)	[afíʃa]
cartaz (m) publicitário	рекламный плакат (м)	[reklámnij plakát]

painel (m) publicitário	рекламный щит (м)	[reklámnij ʃít]
lixo (m)	мусор (м)	[músɔr]
cesta (f) do lixo	урна (ж)	[úrna]
jogar lixo na rua	сорить (нсв, нпх)	[sɔrít']
aterro (m) sanitário	свалка (ж)	[sválka]

cabine (f) telefónica	телефонная будка (ж)	[telefónnaja bútka]
candeeiro (m) de rua	фонарный столб (м)	[fɔnárnij stólb]
banco (m)	скамейка (ж)	[skaméjka]

polícia (m)	полицейский (м)	[pɔlitsǽjskij]
polícia (instituição)	полиция (ж)	[pɔlítsija]
mendigo (m)	нищий (м)	[níʃij]
sem-abrigo (m)	бездомный (м)	[bezdómnij]

29. Instituições urbanas

loja (f)	магазин (м)	[magazín]
farmácia (f)	аптека (ж)	[aptéka]
ótica (f)	оптика (ж)	[óptika]
centro (m) comercial	торговый центр (м)	[tɔrgóvij tsǽntr]
supermercado (m)	супермаркет (м)	[supermárket]

padaria (f)	булочная (ж)	[búlɔtʃnaja]
padeiro (m)	пекарь (м)	[pékar']
pastelaria (f)	кондитерская (ж)	[kɔndíterskaja]
mercearia (f)	продуктовый магазин (м)	[prɔduktóvij magazín]
talho (m)	мясная лавка (ж)	[mɪsnája láfka]

| loja (f) de legumes | овощная лавка (ж) | [ɔvɔʃnája láfka] |
| mercado (m) | рынок (м) | [rīnɔk] |

café (m)	кафе (с)	[kafǽ]
restaurante (m)	ресторан (м)	[restɔrán]
bar (m), cervejaria (f)	пивная (ж)	[pivnája]
pizzaria (f)	пиццерия (ж)	[pitsǽrija], [pitsɛríja]

salão (m) de cabeleireiro	парикмахерская (ж)	[parihmáherskaja]
correios (m pl)	почта (ж)	[pótʃta]
lavandaria (f)	химчистка (ж)	[himtʃístka]
estúdio (m) fotográfico	фотоателье (с)	[fɔtɔ·atɛljé]

sapataria (f)	обувной магазин (м)	[ɔbuvnój magazín]
livraria (f)	книжный магазин (м)	[kníʒnij magazín]
loja (f) de artigos de desporto	спортивный магазин (м)	[spɔrtívnij magazín]

reparação (f) de roupa	ремонт (м) одежды	[remónt ɔdéʒdɨ]
aluguer (m) de roupa	прокат (м) одежды	[prɔkát ɔdéʒdɨ]
aluguer (m) de filmes	прокат (м) фильмов	[prɔkát fíl'mɔf]

circo (m)	цирк (м)	[tsīrk]
jardim (m) zoológico	зоопарк (м)	[zɔɔpárk]
cinema (m)	кинотеатр (м)	[kinɔteátr]
museu (m)	музей (м)	[muzéj]

biblioteca (f)	библиотека (ж)	[bibliotéka]
teatro (m)	театр (м)	[teátr]
ópera (f)	опера (ж)	[ópera]
clube (m) noturno	ночной клуб (м)	[notʃnój klúb]
casino (m)	казино (с)	[kazinó]

mesquita (f)	мечеть (ж)	[metʃétʲ]
sinagoga (f)	синагога (ж)	[sinagóga]
catedral (f)	собор (м)	[sɔbór]
templo (m)	храм (м)	[hrám]
igreja (f)	церковь (ж)	[ʦærkɔfʲ]

instituto (m)	институт (м)	[institút]
universidade (f)	университет (м)	[universitét]
escola (f)	школа (ж)	[ʃkóla]

prefeitura (f)	префектура (ж)	[prefektúra]
câmara (f) municipal	мэрия (ж)	[mǽrija]
hotel (m)	гостиница (ж)	[gɔstínitsa]
banco (m)	банк (м)	[bánk]

embaixada (f)	посольство (с)	[pɔsólʲstvɔ]
agência (f) de viagens	турагентство (с)	[tur·agénstvɔ]
agência (f) de informações	справочное бюро (с)	[správɔtʃnɔe bʲuró]
casa (f) de câmbio	обменный пункт (м)	[ɔbménnij púnkt]

| metro (m) | метро (с) | [metró] |
| hospital (m) | больница (ж) | [bɔlʲnítsa] |

| posto (m) de gasolina | автозаправка (ж) | [aftɔ·zapráfka] |
| parque (m) de estacionamento | стоянка (ж) | [stɔjánka] |

30. Sinais

letreiro (m)	вывеска (ж)	[vɨveska]
inscrição (f)	надпись (ж)	[nátpisʲ]
cartaz, póster (m)	плакат, постер (м)	[plakát], [póstɛr]
sinal (m) informativo	указатель (м)	[ukazátelʲ]
seta (f)	стрелка (ж)	[strélka]

aviso (advertência)	предостережение (с)	[predɔstereʒǽnie]
sinal (m) de aviso	предупреждение (с)	[predupreʒdénie]
avisar, advertir (vt)	предупредить (св, пх)	[predupredítʲ]

dia (m) de folga	выходной день (м)	[vɨhɔdnój dénʲ]
horário (m)	расписание (с)	[raspisánie]
horário (m) de funcionamento	часы (мн) работы	[tʃasɨ rabóti]

BEM-VINDOS!	ДОБРО ПОЖАЛОВАТЬ!	[dɔbró pɔʒálɔvatʲ]
ENTRADA	ВХОД	[fhód]
SAÍDA	ВЫХОД	[vɨhɔd]

| EMPURRE | ОТ СЕБЯ | [ɔt sebʲá] |
| PUXE | НА СЕБЯ | [na sebʲá] |

| ABERTO | ОТКРЫТО | [ɔtkrĩtɔ] |
| FECHADO | ЗАКРЫТО | [zakrĩtɔ] |

| MULHER | ДЛЯ ЖЕНЩИН | [dlʲa ʒǽnʃin] |
| HOMEM | ДЛЯ МУЖЧИН | [dlʲa muʃín] |

DESCONTOS	СКИДКИ	[skítki]
SALDOS	РАСПРОДАЖА	[rasprɔdáʒa]
NOVIDADE!	НОВИНКА!	[nɔvínka]
GRÁTIS	БЕСПЛАТНО	[besplátnɔ]

ATENÇÃO!	ВНИМАНИЕ!	[vnimánie]
NÃO HÁ VAGAS	МЕСТ НЕТ	[mést nét]
RESERVADO	ЗАРЕЗЕРВИРОВАНО	[zarezervírɔvanɔ]

ADMINISTRAÇÃO	АДМИНИСТРАЦИЯ	[administrátsija]
SOMENTE PESSOAL	ТОЛЬКО	[tólʲkɔ
AUTORIZADO	ДЛЯ ПЕРСОНАЛА	dlʲa persɔnála]

CUIDADO CÃO FEROZ	ЗЛАЯ СОБАКА	[zlája sɔbáka]
PROIBIDO FUMAR!	НЕ КУРИТЬ!	[ne kurítʲ]
NÃO TOCAR	РУКАМИ НЕ ТРОГАТЬ!	[rukámi ne trógatʲ]

PERIGOSO	ОПАСНО	[ɔpásnɔ]
PERIGO	ОПАСНОСТЬ	[ɔpásnostʲ]
ALTA TENSÃO	ВЫСОКОЕ НАПРЯЖЕНИЕ	[visókɔe naprɪʒǽnie]
PROIBIDO NADAR	КУПАТЬСЯ ЗАПРЕЩЕНО	[kupátsa zapreʃenó]
AVARIADO	НЕ РАБОТАЕТ	[ne rabótaet]

INFLAMÁVEL	ОГНЕОПАСНО	[ɔgneɔpásnɔ]
PROIBIDO	ЗАПРЕЩЕНО	[zapreʃenó]
ENTRADA PROIBIDA	ПРОХОД ЗАПРЕЩЁН	[prɔhót zapreʃǿn]
CUIDADO TINTA FRESCA	ОКРАШЕНО	[ɔkráʃɛnɔ]

31. Compras

comprar (vt)	покупать (нсв, пх)	[pɔkupátʲ]
compra (f)	покупка (ж)	[pɔkúpka]
fazer compras	делать покупки	[délatʲ pɔkúpki]
compras (f pl)	шоппинг (м)	[ʃóping]

| estar aberta (loja, etc.) | работать (нсв, нпх) | [rabótatʲ] |
| estar fechada | закрыться (св, возв) | [zakrĩtsa] |

calçado (m)	обувь (ж)	[óbufʲ]
roupa (f)	одежда (ж)	[ɔdéʒda]
cosméticos (m pl)	косметика (ж)	[kɔsmétika]
alimentos (m pl)	продукты (мн)	[prɔdúkti]
presente (m)	подарок (м)	[pɔdárɔk]

vendedor (m)	продавец (м)	[prɔdavéts]
vendedora (f)	продавщица (ж)	[prɔdafʃítsa]
caixa (f)	касса (ж)	[kássa]
espelho (m)	зеркало (с)	[zérkalɔ]

| balcão (m) | прилавок (м) | [prilávɔk] |
| cabine (f) de provas | примерочная (ж) | [primérɔtʃnaja] |

provar (vt)	примерить (св, пх)	[primériti]
servir (vi)	подходить (нсв, нпх)	[pɔtxɔdíti]
gostar (apreciar)	нравиться (нсв, возв)	[nrávitsa]

preço (m)	цена (ж)	[tsɛná]
etiqueta (f) de preço	ценник (м)	[tsǽnnik]
custar (vt)	стоить (нсв, пх)	[stóiti]
Quanto?	Сколько?	[skólikɔ?]
desconto (m)	скидка (ж)	[skítka]

não caro	недорогой	[nedɔrɔgój]
barato	дешёвый	[deʃóvij]
caro	дорогой	[dɔrɔgój]
É caro	Это дорого.	[ǽtɔ dórɔgɔ]

aluguer (m)	прокат (м)	[prɔkát]
alugar (vestidos, etc.)	взять напрокат	[vziáti naprɔkát]
crédito (m)	кредит (м)	[kredít]
a crédito	в кредит	[f kredít]

VESTUÁRIO & ACESSÓRIOS

32. Roupa exterior. Casacos

roupa (f)	одежда (ж)	[ɔdéʒda]
roupa (f) exterior	верхняя одежда (ж)	[vérhnʲaja ɔdéʒda]
roupa (f) de inverno	зимняя одежда (ж)	[zímnʲaja ɔdéʒda]
sobretudo (m)	пальто (c)	[palʲtó]
casaco (m) de peles	шуба (ж)	[ʃúba]
casaco curto (m) de peles	полушубок (м)	[pɔluʃúbɔk]
casaco (m) acolchoado	пуховик (м)	[puhɔvík]
casaco, blusão (m)	куртка (ж)	[kúrtka]
impermeável (m)	плащ (м)	[pláʃʲ]
impermeável	непромокаемый	[neprɔmɔkáemɨj]

33. Vestuário de homem & mulher

camisa (f)	рубашка (ж)	[rubáʃka]
calças (f pl)	брюки (мн)	[brʲúki]
calças (f pl) de ganga	джинсы (мн)	[dʒĩnsɨ]
casaco (m) de fato	пиджак (м)	[pidʒák]
fato (m)	костюм (м)	[kɔstʲúm]
vestido (ex. ~ vermelho)	платье (c)	[plátje]
saia (f)	юбка (ж)	[júpka]
blusa (f)	блузка (ж)	[blúska]
casaco (m) de malha	кофта (ж)	[kófta]
casaco, blazer (m)	жакет (м)	[ʒakét]
T-shirt, camiseta (f)	футболка (ж)	[futbólka]
calções (Bermudas, etc.)	шорты (мн)	[ʃórti]
fato (m) de treino	спортивный костюм (м)	[spɔrtívnɨj kɔstʲúm]
roupão (m) de banho	халат (м)	[halát]
pijama (m)	пижама (ж)	[piʒáma]
suéter (m)	свитер (м)	[svítɛr]
pulôver (m)	пуловер (м)	[pulóver]
colete (m)	жилет (м)	[ʒɨlét]
fraque (m)	фрак (м)	[frák]
smoking (m)	смокинг (м)	[smóking]
uniforme (m)	форма (ж)	[fórma]
roupa (f) de trabalho	рабочая одежда (ж)	[rabótʃaja ɔdéʒda]
fato-macaco (m)	комбинезон (м)	[kɔmbinezón]
bata (~ branca, etc.)	халат (м)	[halát]

34. Vestuário. Roupa interior

roupa (f) interior	бельё (c)	[beljǿ]
cuecas boxer (f pl)	трусы (м)	[trusī]
cuecas (f pl)	бельё (c)	[beljǿ]
camisola (f) interior	майка (ж)	[májka]
peúgas (f pl)	носки (мн)	[nɔskí]

camisa (f) de noite	ночная рубашка (ж)	[nɔtʃnája rubáʃka]
sutiã (m)	бюстгальтер (м)	[bʲusgálʲter]
meias longas (f pl)	гольфы (мн)	[gólʲfi]
meia-calça (f)	колготки (мн)	[kɔlgótki]
meias (f pl)	чулки (мн)	[tʃʲulkí]
fato (m) de banho	купальник (м)	[kupálʲnik]

35. Adereços de cabeça

chapéu (m)	шапка (ж)	[ʃápka]
chapéu (m) de feltro	шляпа (ж)	[ʃlʲápa]
boné (m) de beisebol	бейсболка (ж)	[bejzbólka]
boné (m)	кепка (ж)	[képka]

boina (f)	берет (м)	[berét]
capuz (m)	капюшон (м)	[kapʲuʃón]
panamá (m)	панамка (ж)	[panámka]
gorro (m) de malha	вязаная шапочка (ж)	[vʲázanaja ʃápɔtʃka]

| lenço (m) | платок (м) | [platók] |
| chapéu (m) de mulher | шляпка (ж) | [ʃlʲápka] |

capacete (m) de proteção	каска (ж)	[káska]
bibico (m)	пилотка (ж)	[pilótka]
capacete (m)	шлем (м)	[ʃlém]

| chapéu-coco (m) | котелок (м) | [kɔtelók] |
| chapéu (m) alto | цилиндр (м) | [tsilíndr] |

36. Calçado

calçado (m)	обувь (ж)	[óbufʲ]
botinas (f pl)	ботинки (мн)	[bɔtínki]
sapatos (de salto alto, etc.)	туфли (мн)	[túfli]
botas (f pl)	сапоги (мн)	[sapɔgí]
pantufas (f pl)	тапочки (мн)	[tápɔtʃki]

ténis (m pl)	кроссовки (мн)	[krɔsófki]
sapatilhas (f pl)	кеды (мн)	[kédi]
sandálias (f pl)	сандалии (мн)	[sandálii]

| sapateiro (m) | сапожник (м) | [sapóʒnik] |
| salto (m) | каблук (м) | [kablúk] |

par (m)	пара (ж)	[pára]
atacador (m)	шнурок (м)	[ʃnurók]
apertar os atacadores	шнуровать (нсв, пх)	[ʃnurɔvátʲ]
calçadeira (f)	рожок (м)	[rɔʒók]
graxa (f) para calçado	крем (м) для обуви	[krém dlʲa óbuvi]

37. Acessórios pessoais

luvas (f pl)	перчатки (ж мн)	[pertʃátki]
mitenes (f pl)	варежки (ж мн)	[váreʃki]
cachecol (m)	шарф (м)	[ʃárf]

óculos (m pl)	очки (мн)	[ɔtʃkí]
armação (f) de óculos	оправа (ж)	[ɔpráva]
guarda-chuva (m)	зонт (м)	[zónt]
bengala (f)	трость (ж)	[tróstʲ]
escova (f) para o cabelo	щётка (ж) для волос	[ʃʲɵtka dlʲa vɔlós]
leque (m)	веер (м)	[véer]

gravata (f)	галстук (м)	[gálstuk]
gravata-borboleta (f)	галстук-бабочка (м)	[gálstuk-bábɔtʃka]
suspensórios (m pl)	подтяжки (мн)	[pottʲáʃki]
lenço (m)	носовой платок (м)	[nɔsɔvój platók]

pente (m)	расчёска (ж)	[raʃɵska]
travessão (m)	заколка (ж)	[zakólka]
gancho (m) de cabelo	шпилька (ж)	[ʃpílʲka]
fivela (f)	пряжка (ж)	[prʲáʃka]

| cinto (m) | пояс (м) | [pójas] |
| correia (f) | ремень (м) | [reménʲ] |

mala (f)	сумка (ж)	[súmka]
mala (f) de senhora	сумочка (ж)	[súmɔtʃka]
mochila (f)	рюкзак (м)	[rʲukzák]

38. Vestuário. Diversos

moda (f)	мода (ж)	[móda]
na moda	модный	[módnij]
estilista (m)	модельер (м)	[mɔdɛljér]

colarinho (m), gola (f)	воротник (м)	[vɔrɔtník]
bolso (m)	карман (м)	[karmán]
de bolso	карманный	[karmánnij]
manga (f)	рукав (м)	[rukáf]
alcinha (f)	вешалка (ж)	[véʃəlka]
braguilha (f)	ширинка (ж)	[ʃirínka]

fecho (m) de correr	молния (ж)	[mólnija]
fecho (m), colchete (m)	застёжка (ж)	[zastɵʃka]
botão (m)	пуговица (ж)	[púgɔvitsa]

| casa (f) de botão | петля (ж) | [petlʲá] |
| soltar-se (vr) | оторваться (св, возв) | [ɔtɔrvátsa] |

coser, costurar (vi)	шить (нсв, н/пх)	[ʃitʲ]
bordar (vt)	вышивать (нсв, н/пх)	[viʃivátʲ]
bordado (m)	вышивка (ж)	[vīʃifka]
agulha (f)	иголка (ж)	[igólka]
fio (m)	нитка (ж)	[nítka]
costura (f)	шов (м)	[ʃóf]

sujar-se (vr)	испачкаться (св, возв)	[ispátʃkatsa]
mancha (f)	пятно (с)	[pɪtnó]
engelhar-se (vr)	помяться (нсв, возв)	[pɔmʲátsa]
rasgar (vt)	порвать (св, пх)	[pɔrvátʲ]
traça (f)	моль (м)	[mólʲ]

39. Cuidados pessoais. Cosméticos

pasta (f) de dentes	зубная паста (ж)	[zubnája pásta]
escova (f) de dentes	зубная щётка (ж)	[zubnája ʃǿtka]
escovar os dentes	чистить зубы	[tʃístitʲ zúbɪ]

máquina (f) de barbear	бритва (ж)	[brítva]
creme (m) de barbear	крем (м) для бритья	[krém dlʲa britjá]
barbear-se (vr)	бриться (нсв, возв)	[brítsa]

| sabonete (m) | мыло (с) | [mīlɔ] |
| champô (m) | шампунь (м) | [ʃampúnʲ] |

tesoura (f)	ножницы (мн)	[nóʒnitsɪ]
lima (f) de unhas	пилочка (ж) для ногтей	[pílɔtʃka dlʲa nɔktéj]
corta-unhas (m)	щипчики (мн)	[ʃíptʃiki]
pinça (f)	пинцет (м)	[pintsǽt]

cosméticos (m pl)	косметика (ж)	[kɔsmétika]
máscara (f) facial	маска (ж)	[máska]
manicura (f)	маникюр (м)	[manikʲúr]
fazer a manicura	делать маникюр	[délatʲ manikʲúr]
pedicure (f)	педикюр (м)	[pedikʲúr]

mala (f) de maquilhagem	косметичка (ж)	[kɔsmetítʃka]
pó (m)	пудра (ж)	[púdra]
caixa (f) de pó	пудреница (ж)	[púdrenitsa]
blush (m)	румяна (ж)	[rumʲána]

perfume (m)	духи (мн)	[duhí]
água (f) de toilette	туалетная вода (ж)	[tualétnaja vɔdá]
loção (f)	лосьон (м)	[lɔsjón]
água-de-colónia (f)	одеколон (м)	[ɔdekɔlón]

sombra (f) de olhos	тени (мн) для век	[téni dlʲa vék]
lápis (m) delineador	карандаш (м) для глаз	[karandáʃ dlʲa glás]
máscara (f), rímel (m)	тушь (ж)	[túʃ]
batom (m)	губная помада (ж)	[gubnája pɔmáda]

verniz (m) de unhas	лак (м) для ногтей	[lák dlʲa nɔktéj]
laca (f) para cabelos	лак (м) для волос	[lák dlʲa vɔlós]
desodorizante (m)	дезодорант (м)	[dezɔdɔránt]

creme (m)	крем (м)	[krém]
creme (m) de rosto	крем (м) для лица	[krém dlʲa litsá]
creme (m) de mãos	крем (м) для рук	[krém dlʲa rúk]
creme (m) antirrugas	крем (м) против морщин	[krém prótif mɔrʃín]
creme (m) de dia	дневной крем (м)	[dnevnój krém]
creme (m) de noite	ночной крем (м)	[nɔtʃnój krém]
de dia	дневной	[dnevnój]
da noite	ночной	[nɔtʃnój]

tampão (m)	тампон (м)	[tampón]
papel (m) higiénico	туалетная бумага (ж)	[tualétnaja bumága]
secador (m) elétrico	фен (м)	[fén]

40. Relógios de pulso. Relógios

relógio (m) de pulso	часы (мн)	[tʃasɨ́]
mostrador (m)	циферблат (м)	[tsiferblát]
ponteiro (m)	стрелка (ж)	[strélka]
bracelete (f) em aço	браслет (м)	[braslét]
bracelete (f) em couro	ремешок (м)	[remeʃók]

pilha (f)	батарейка (ж)	[bataréjka]
descarregar-se	сесть (св, нпх)	[séstʲ]
trocar a pilha	поменять батарейку	[pomenʲátʲ bataréjku]
estar adiantado	спешить (нсв, нпх)	[speʃítʲ]
estar atrasado	отставать (нсв, нпх)	[ɔtstavátʲ]

relógio (m) de parede	настенные часы (мн)	[nasténnie tʃasɨ́]
ampulheta (f)	песочные часы (мн)	[pesótʃnie tʃasɨ́]
relógio (m) de sol	солнечные часы (мн)	[sólnetʃnie tʃasɨ́]
despertador (m)	будильник (м)	[budílʲnik]
relojoeiro (m)	часовщик (м)	[tʃasɔfʃʲík]
reparar (vt)	ремонтировать (нсв, пх)	[remɔntírɔvatʲ]

EXPERIÊNCIA DO QUOTIDIANO

41. Dinheiro

dinheiro (m)	деньги (мн)	[dénˈgi]
câmbio (m)	обмен (м)	[ɔbmén]
taxa (f) de câmbio	курс (м)	[kúrs]
Caixa Multibanco (m)	банкомат (м)	[bankɔmát]
moeda (f)	монета (ж)	[mɔnéta]
dólar (m)	доллар (м)	[dólar]
euro (m)	евро (c)	[évrɔ]
lira (f)	лира (ж)	[líra]
marco (m)	марка (ж)	[márka]
franco (m)	франк (м)	[fránk]
libra (f) esterlina	фунт стерлингов (м)	[fúnt stérlingɔf]
iene (m)	йена (ж)	[jéna]
dívida (f)	долг (м)	[dólg]
devedor (m)	должник (м)	[dɔlʒník]
emprestar (vt)	дать в долг	[dátʲ v dólg]
pedir emprestado	взять в долг	[vzʲátʲ v dólg]
banco (m)	банк (м)	[bánk]
conta (f)	счёт (м)	[ʃɵt]
depositar (vt)	положить (св, пх)	[pɔlɔʒītʲ]
depositar na conta	положить на счёт	[pɔlɔʒītʲ na ʃɵt]
levantar (vt)	снять со счёта	[snʲátʲ sɔ ʃɵta]
cartão (m) de crédito	кредитная карта (ж)	[kredítnaja kárta]
dinheiro (m) vivo	наличные деньги (мн)	[nalíʧnie dénˈgi]
cheque (m)	чек (м)	[ʧék]
passar um cheque	выписать чек	[vīpisatʲ ʧék]
livro (m) de cheques	чековая книжка (ж)	[ʧékɔvaja kníʃka]
carteira (f)	бумажник (м)	[bumáʒnik]
porta-moedas (m)	кошелёк (м)	[kɔʃɛlɵk]
cofre (m)	сейф (м)	[séjf]
herdeiro (m)	наследник (м)	[naslédnik]
herança (f)	наследство (c)	[naslétstvɔ]
fortuna (riqueza)	состояние (c)	[sɔstɔjánie]
arrendamento (m)	аренда (ж)	[arénda]
renda (f) de casa	квартирная плата (ж)	[kvartírnaja pláta]
alugar (vt)	снимать (нсв, пх)	[snimátʲ]
preço (m)	цена (ж)	[tsɛná]
custo (m)	стоимость (ж)	[stóimɔstʲ]

soma (f)	сумма (ж)	[súmma]
gastar (vt)	тратить (нсв, пх)	[trátiti]
gastos (m pl)	расходы (мн)	[rasxódi]
economizar (vi)	экономить (нсв, н/пх)	[ɛkɔnómiti]
económico	экономный	[ɛkɔnómnij]

pagar (vt)	платить (нсв, н/пх)	[platíti]
pagamento (m)	оплата (ж)	[ɔpláta]
troco (m)	сдача (ж)	[zdátʃa]

imposto (m)	налог (м)	[nalóg]
multa (f)	штраф (м)	[ʃtráf]
multar (vt)	штрафовать (нсв, пх)	[ʃtrafɔváti]

42. Correios. Serviço postal

correios (m pl)	почта (ж)	[pótʃta]
correio (m)	почта (ж)	[pótʃta]
carteiro (m)	почтальон (м)	[potʃtaljón]
horário (m)	часы (мн) работы	[tʃasī rabóti]

carta (f)	письмо (с)	[pisimó]
carta (f) registada	заказное письмо (с)	[zakaznóe pisimó]
postal (m)	открытка (ж)	[ɔtkrītka]
telegrama (m)	телеграмма (ж)	[telegráma]
encomenda (f) postal	посылка (ж)	[pɔsīlka]
remessa (f) de dinheiro	денежный перевод (м)	[déneɜnij perevód]

receber (vt)	получить (св, пх)	[pɔlutʃíti]
enviar (vt)	отправить (св, пх)	[ɔtpráviti]
envio (m)	отправка (ж)	[ɔtpráfka]
endereço (m)	адрес (м)	[ádres]
código (m) postal	индекс (м)	[índɛks]
remetente (m)	отправитель (м)	[ɔtpravíteli]
destinatário (m)	получатель (м)	[pɔlutʃáteli]

nome (m)	имя (с)	[ímia]
apelido (m)	фамилия (ж)	[famílija]
tarifa (f)	тариф (м)	[taríf]
ordinário	обычный	[ɔbītʃnij]
económico	экономичный	[ɛkɔnomítʃnij]

peso (m)	вес (м)	[vés]
pesar (estabelecer o peso)	взвешивать (нсв, пх)	[vzvéʃivati]
envelope (m)	конверт (м)	[kɔnvért]
selo (m)	марка (ж)	[márka]
colar o selo	наклеивать марку	[nakléivati márku]

43. Banca

| banco (m) | банк (м) | [bánk] |
| sucursal, balcão (f) | отделение (с) | [ɔtdelénie] |

| consultor (m) | консультант (м) | [kɔnsulʲtánt] |
| gerente (m) | управляющий (м) | [upravlʲájuʃʲij] |

conta (f)	счёт (м)	[ʃɵt]
número (m) da conta	номер (м) счёта	[nómer ʃɵta]
conta (f) corrente	текущий счёт (м)	[tekúʃʲij ʃɵt]
conta (f) poupança	накопительный счёт (м)	[nakɔpítelʲnij ʃɵt]

abrir uma conta	открыть счёт	[ɔtkrĩtʲ ʃɵt]
fechar uma conta	закрыть счёт	[zakrĩtʲ ʃɵt]
depositar na conta	положить на счёт	[pɔlɔʒĩtʲ na ʃɵt]
levantar (vt)	снять со счёта	[snʲátʲ sɔ ʃɵta]

depósito (m)	вклад (м)	[fklád]
fazer um depósito	сделать вклад	[zdélatʲ fklád]
transferência (f) bancária	перевод (м)	[perevód]
transferir (vt)	сделать перевод	[zdélatʲ perevód]

| soma (f) | сумма (ж) | [súmma] |
| Quanto? | Сколько? | [skólʲkɔ?] |

| assinatura (f) | подпись (ж) | [pótpisʲ] |
| assinar (vt) | подписать (св, пх) | [pɔtpisátʲ] |

cartão (m) de crédito	кредитная карта (ж)	[kredítnaja kárta]
código (m)	код (м)	[kód]
número (m)	номер (м)	[nómer
do cartão de crédito	кредитной карты	kredítnɔj kártʲi]
Caixa Multibanco (m)	банкомат (м)	[bankɔmát]

cheque (m)	чек (м)	[ʧék]
passar um cheque	выписать чек	[vĩpisatʲ ʧék]
livro (m) de cheques	чековая книжка (ж)	[ʧékɔvaja kníʃka]

empréstimo (m)	кредит (м)	[kredít]
pedir um empréstimo	обращаться за кредитом	[ɔbraʃʲátsa za kredítɔm]
obter um empréstimo	брать кредит	[brátʲ kredít]
conceder um empréstimo	предоставлять кредит	[predɔstavlʲátʲ kredít]
garantia (f)	гарантия (ж)	[garántija]

44. Telefone. Conversação telefónica

telefone (m)	телефон (м)	[telefón]
telemóvel (m)	мобильный телефон (м)	[mɔbílʲnij telefón]
secretária (f) electrónica	автоответчик (м)	[áftɔ·ɔtvétʧik]

| fazer uma chamada | звонить (нсв, н/пх) | [zvɔnítʲ] |
| chamada (f) | звонок (м) | [zvɔnók] |

marcar um número	набрать номер	[nabrátʲ nómer]
Alô!	Алло!	[alɵ]
perguntar (vt)	спросить (св, пх)	[sprɔsítʲ]
responder (vt)	ответить (св, пх)	[ɔtvétitʲ]
ouvir (vt)	слышать (нсв, пх)	[slĩʃatʲ]

bem	хорошо	[hɔrɔʃó]
mal	плохо	[plóhɔ]
ruído (m)	помехи (ж мн)	[pɔméhi]

auscultador (m)	трубка (ж)	[trúpka]
pegar o telefone	снять трубку	[snʲátʲ trúpku]
desligar (vi)	положить трубку	[pɔlɔʒītʲ trúpku]

ocupado	занятый	[zánıtij]
tocar (vi)	звонить (нсв, нпх)	[zvɔnítʲ]
lista (f) telefónica	телефонная книга (ж)	[telefónnaja kníga]

local	местный	[mésnij]
chamada (f) local	местный звонок (m)	[mésnij zvɔnók]
de longa distância	междугородний	[meʒdugɔródnij]
chamada (f) de longa distância	междугородний звонок (m)	[meʒdugɔródnij zvɔnók]
internacional	международный	[meʒdunaródnij]
chamada (f) internacional	международный звонок	[meʒdunaródnij zvɔnók]

45. Telefone móvel

telemóvel (m)	мобильный телефон (m)	[mɔbílʲnij telefón]
ecrã (m)	дисплей (m)	[displǽj]
botão (m)	кнопка (ж)	[knópka]
cartão SIM (m)	SIM-карта (ж)	[sim-kárta]

bateria (f)	батарея (ж)	[bataréja]
descarregar-se	разрядиться (св, возв)	[razrıdítsa]
carregador (m)	зарядное устройство (c)	[zarʲádnɔe ustrójstvɔ]

menu (m)	меню (c)	[menʲú]
definições (f pl)	настройки (ж мн)	[nastrójki]
melodia (f)	мелодия (ж)	[melódija]
escolher (vt)	выбрать (св, пх)	[vībratʲ]

calculadora (f)	калькулятор (m)	[kalʲkulʲátɔr]
correio (m) de voz	голосовая почта (ж)	[gɔlɔsɔvája pótʃta]
despertador (m)	будильник (m)	[budílʲnik]
contatos (m pl)	телефонная книга (ж)	[telefónnaja kníga]

| mensagem (f) de texto | SMS-сообщение (c) | [ɛs·ɛm·ǽs-sɔɔpʃénie] |
| assinante (m) | абонент (m) | [abɔnént] |

46. Estacionário

| caneta (f) | шариковая ручка (ж) | [ʃárikɔvaja rútʃka] |
| caneta (f) tinteiro | перьевая ручка (ж) | [perjevája rútʃka] |

lápis (m)	карандаш (m)	[karandáʃ]
marcador (m)	маркер (m)	[márker]
caneta (f) de feltro	фломастер (m)	[flɔmáster]

| bloco (m) de notas | блокнот (м) | [blɔknót] |
| agenda (f) | ежедневник (м) | [eʒednévnik] |

régua (f)	линейка (ж)	[linéjka]
calculadora (f)	калькулятор (м)	[kalʲkulʲátɔr]
borracha (f)	ластик (м)	[lástik]
pionés (m)	кнопка (ж)	[knópka]
clipe (m)	скрепка (ж)	[skrépka]

cola (f)	клей (м)	[kléj]
agrafador (m)	степлер (м)	[stǽpler]
furador (m)	дырокол (м)	[dirɔkól]
afia-lápis (m)	точилка (ж)	[tɔʧílka]

47. Línguas estrangeiras

língua (f)	язык (м)	[jızīk]
estrangeiro	иностранный	[inɔstránnij]
língua (f) estrangeira	иностранный язык (м)	[inɔstránnij jızīk]
estudar (vt)	изучать (нсв, пх)	[izuʧátʲ]
aprender (vt)	учить (нсв, пх)	[uʧítʲ]

ler (vt)	читать (нсв, н/пх)	[ʧitátʲ]
falar (vi)	говорить (нсв, н/пх)	[gɔvɔrítʲ]
compreender (vt)	понимать (нсв, пх)	[pɔnimátʲ]
escrever (vt)	писать (нсв, пх)	[pisátʲ]

rapidamente	быстро	[bīstrɔ]
devagar	медленно	[médlenɔ]
fluentemente	свободно	[svɔbódnɔ]

regras (f pl)	правила (с мн)	[právila]
gramática (f)	грамматика (ж)	[gramátika]
vocabulário (m)	лексика (ж)	[léksika]
fonética (f)	фонетика (ж)	[fɔnǽtika]

manual (m) escolar	учебник (м)	[uʧébnik]
dicionário (m)	словарь (м)	[slɔvárʲ]
manual (m) de autoaprendizagem	самоучитель (м)	[samɔuʧítelʲ]
guia (m) de conversação	разговорник (м)	[razgɔvórnik]

cassete (f)	кассета (ж)	[kaséta]
vídeo cassete (m)	видеокассета (ж)	[vídeɔ·kaséta]
CD (m)	компакт-диск (м)	[kɔmpákt-dísk]
DVD (m)	DVD-диск (м)	[di·vi·dí dísk]

alfabeto (m)	алфавит (м)	[alfavít]
soletrar (vt)	говорить по буквам	[gɔvɔrítʲ pɔ búkvam]
pronúncia (f)	произношение (с)	[prɔiznɔʃǽnie]

sotaque (m)	акцент (м)	[aktsǽnt]
com sotaque	с акцентом	[s aktsǽntɔm]
sem sotaque	без акцента	[bez aktsǽnta]

| palavra (f) | слово (c) | [slóvɔ] |
| sentido (m) | смысл (м) | [smĩsl] |

cursos (m pl)	курсы (мн)	[kúrsi]
inscrever-se (vr)	записаться (св, возв)	[zapisátsa]
professor (m)	преподаватель (м)	[prepɔdavátelʲ]

tradução (processo)	перевод (м)	[perevód]
tradução (texto)	перевод (м)	[perevód]
tradutor (m)	переводчик (м)	[perevóttʃik]
intérprete (m)	переводчик (м)	[perevóttʃik]

| poliglota (m) | полиглот (м) | [pɔliglót] |
| memória (f) | память (ж) | [pámitʲ] |

REFEIÇÕES. RESTAURANTE

48. Por a mesa

colher (f)	ложка (ж)	[lóʃka]
faca (f)	нож (м)	[nóʃ]
garfo (m)	вилка (ж)	[vílka]
chávena (f)	чашка (ж)	[tʃáʃka]
prato (m)	тарелка (ж)	[tarélka]
pires (m)	блюдце (с)	[blʲútse]
guardanapo (m)	салфетка (ж)	[salfétka]
palito (m)	зубочистка (ж)	[zubotʃístka]

49. Restaurante

restaurante (m)	ресторан (м)	[restɔrán]
café (m)	кофейня (ж)	[kɔféjnʲa]
bar (m), cervejaria (f)	бар (м)	[bár]
salão (m) de chá	чайный салон (м)	[tʃájnɨj salón]
empregado (m) de mesa	официант (м)	[ɔfitsiánt]
empregada (f) de mesa	официантка (ж)	[ɔfitsiántka]
barman (m)	бармен (м)	[bármɛn]
ementa (f)	меню (с)	[menʲú]
lista (f) de vinhos	карта (ж) вин	[kárta vín]
reservar uma mesa	забронировать столик	[zabrɔnírɔvatʲ stólik]
prato (m)	блюдо (с)	[blʲúdɔ]
pedir (vt)	заказать (св, пх)	[zakazátʲ]
fazer o pedido	сделать заказ	[zdélatʲ zakás]
aperitivo (m)	аперитив (м)	[aperitíf]
entrada (f)	закуска (ж)	[zakúska]
sobremesa (f)	десерт (м)	[desért]
conta (f)	счёт (м)	[ʃɔ́t]
pagar a conta	оплатить счёт	[ɔplatítʲ ʃɔ́t]
dar o troco	дать сдачу	[dátʲ zdátʃu]
gorjeta (f)	чаевые (мн)	[tʃaevɨ̄e]

50. Refeições

comida (f)	еда (ж)	[edá]
comer (vt)	есть (нсв, н/пх)	[éstʲ]

pequeno-almoço (m)	завтрак (м)	[záftrak]
tomar o pequeno-almoço	завтракать (нсв, нпх)	[záftrakatʲ]
almoço (m)	обед (м)	[ɔbéd]
almoçar (vi)	обедать (нсв, нпх)	[ɔbédatʲ]
jantar (m)	ужин (м)	[úʒin]
jantar (vi)	ужинать (нсв, нпх)	[úʒinatʲ]

| apetite (m) | аппетит (м) | [apetít] |
| Bom apetite! | Приятного аппетита! | [prijátnɔvɔ apetíta] |

abrir (~ uma lata, etc.)	открывать (нсв, пх)	[ɔtkrivátʲ]
derramar (vt)	пролить (св, пх)	[prɔlítʲ]
derramar-se (vr)	пролиться (св, возв)	[prɔlítsa]

ferver (vi)	кипеть (нсв, нпх)	[kipétʲ]
ferver (vt)	кипятить (нсв, пх)	[kipɪtítʲ]
fervido	кипячёный	[kipɪʧónij]
arrefecer (vt)	охладить (св, пх)	[ɔhladítʲ]
arrefecer-se (vr)	охлаждаться (нсв, возв)	[ɔhlaʒdátsa]

| sabor, gosto (m) | вкус (м) | [fkús] |
| gostinho (m) | привкус (м) | [prífkus] |

fazer dieta	худеть (нсв, нпх)	[hudétʲ]
dieta (f)	диета (ж)	[diéta]
vitamina (f)	витамин (м)	[vitamín]
caloria (f)	калория (ж)	[kalórija]
vegetariano (m)	вегетарианец (м)	[vegetariánets]
vegetariano	вегетарианский	[vegetariánskij]

gorduras (f pl)	жиры (мн)	[ʒirɨ̂]
proteínas (f pl)	белки (мн)	[belkî]
carboidratos (m pl)	углеводы (мн)	[uglevódi]
fatia (~ de limão, etc.)	ломтик (м)	[lómtik]
pedaço (~ de bolo)	кусок (м)	[kusók]
migalha (f)	крошка (ж)	[króʃka]

51. Pratos cozinhados

prato (m)	блюдо (с)	[blʲúdɔ]
cozinha (~ portuguesa)	кухня (ж)	[kúhnʲa]
receita (f)	рецепт (м)	[retsǽpt]
porção (f)	порция (ж)	[pórtsija]

| salada (f) | салат (м) | [salát] |
| sopa (f) | суп (м) | [súp] |

caldo (m)	бульон (м)	[buljón]
sandes (f)	бутерброд (м)	[buterbród]
ovos (m pl) estrelados	яичница (ж)	[iíʃnitsa]

hambúrguer (m)	гамбургер (м)	[gámburger]
bife (m)	бифштекс (м)	[bifʃtǽks]
conduto (m)	гарнир (м)	[garnír]

espaguete (m)	спагетти (мн)	[spagéti]
puré (m) de batata	картофельное пюре (c)	[kartófelʲnɔe pʲuré]
pizza (f)	пицца (ж)	[pítsa]
papa (f)	каша (ж)	[káʃa]
omelete (f)	омлет (м)	[ɔmlét]

cozido em água	варёный	[varǿnij]
fumado	копчёный	[kɔptʃónij]
frito	жареный	[ʒárenij]
seco	сушёный	[suʃónij]
congelado	замороженный	[zamɔróʒenij]
em conserva	маринованный	[marinóvanij]

doce (açucarado)	сладкий	[slátkij]
salgado	солёный	[sɔlǿnij]
frio	холодный	[hɔlódnij]
quente	горячий	[gɔrʲátʃij]
amargo	горький	[górʲkij]
gostoso	вкусный	[fkúsnij]

cozinhar (em água a ferver)	варить (нсв, пх)	[varítʲ]
fazer, preparar (vt)	готовить (нсв, пх)	[gɔtóvitʲ]
fritar (vt)	жарить (нсв, пх)	[ʒáritʲ]
aquecer (vt)	разогревать (нсв, пх)	[razɔgrevátʲ]

salgar (vt)	солить (нсв, пх)	[sɔlítʲ]
apimentar (vt)	перчить (нсв, пх)	[pértʃitʲ], [pertʃítʲ]
ralar (vt)	тереть (нсв, пх)	[terétʲ]
casca (f)	кожура (ж)	[kɔʒurá]
descascar (vt)	чистить (нсв, пх)	[tʃístitʲ]

52. Comida

carne (f)	мясо (c)	[mʲásɔ]
galinha (f)	курица (ж)	[kúritsa]
frango (m)	цыплёнок (м)	[tsiplǿnɔk]
pato (m)	утка (ж)	[útka]
ganso (m)	гусь (м)	[gúsʲ]
caça (f)	дичь (ж)	[dítʃʲ]
peru (m)	индейка (ж)	[indéjka]

carne (f) de porco	свинина (ж)	[svinína]
carne (f) de vitela	телятина (ж)	[telʲátina]
carne (f) de carneiro	баранина (ж)	[baránina]
carne (f) de vaca	говядина (ж)	[gɔvʲádina]
carne (f) de coelho	кролик (м)	[królik]

chouriço, salsichão (m)	колбаса (ж)	[kɔlbasá]
salsicha (f)	сосиска (ж)	[sɔsíska]
bacon (m)	бекон (м)	[bekón]
fiambre (f)	ветчина (ж)	[vettʃiná]
presunto (m)	окорок (м)	[ókɔrɔk]
patê (m)	паштет (м)	[paʃtét]
fígado (m)	печень (ж)	[pétʃenʲ]

| carne (f) moída | фарш (м) | [fárʃ] |
| língua (f) | язык (м) | [jɪzɨ̃k] |

ovo (m)	яйцо (с)	[jijʦó]
ovos (m pl)	яйца (мн)	[jájʦa]
clara (f) do ovo	белок (м)	[belók]
gema (f) do ovo	желток (м)	[ʒeltók]

peixe (m)	рыба (ж)	[rɨ̃ba]
mariscos (m pl)	морепродукты (мн)	[mɔre·prɔdúktɨ]
crustáceos (m pl)	ракообразные (мн)	[rakɔɔbráznɪe]
caviar (m)	икра (ж)	[ikrá]

caranguejo (m)	краб (м)	[kráb]
camarão (m)	креветка (ж)	[krevétka]
ostra (f)	устрица (ж)	[ústritsa]
lagosta (f)	лангуст (м)	[langúst]
polvo (m)	осьминог (м)	[ɔsʲminóg]
lula (f)	кальмар (м)	[kalʲmár]

esturjão (m)	осетрина (ж)	[ɔsetrína]
salmão (m)	лосось (м)	[lɔsósʲ]
halibute (m)	палтус (м)	[páltus]

bacalhau (m)	треска (ж)	[treská]
cavala, sarda (f)	скумбрия (ж)	[skúmbrija]
atum (m)	тунец (м)	[tunéʦ]
enguia (f)	угорь (м)	[úgɔrʲ]

truta (f)	форель (ж)	[fɔræ̃lʲ]
sardinha (f)	сардина (ж)	[sardína]
lúcio (ж)	щука (ж)	[ʃʲúka]
arenque (m)	сельдь (ж)	[sélʲtʲ]

pão (m)	хлеб (м)	[hléb]
queijo (m)	сыр (м)	[sɨ̃r]
açúcar (m)	сахар (м)	[sáhar]
sal (m)	соль (ж)	[sólʲ]

arroz (m)	рис (м)	[rís]
massas (f pl)	макароны (мн)	[makaróni]
talharim (m)	лапша (ж)	[lapʃá]

manteiga (f)	сливочное масло (с)	[slívɔtʃnɔe máslɔ]
óleo (m) vegetal	растительное масло (с)	[rastítelʲnɔe máslɔ]
óleo (m) de girassol	подсолнечное масло (с)	[pɔtsólnetʃnɔe máslɔ]
margarina (f)	маргарин (м)	[margarín]

| azeitonas (f pl) | оливки (мн) | [ɔlífki] |
| azeite (m) | оливковое масло (с) | [ɔlífkɔvɔe máslɔ] |

leite (m)	молоко (с)	[mɔlɔkó]
leite (m) condensado	сгущённое молоко (с)	[sguʃʲǿnɔe mɔlɔkó]
iogurte (m)	йогурт (м)	[jógurt]
nata (f) azeda	сметана (ж)	[smetána]
nata (f) do leite	сливки (мн)	[slífki]

| maionese (f) | майонез (м) | [majináɛs] |
| creme (m) | крем (м) | [krém] |

grãos (m pl) de cereais	крупа (ж)	[krupá]
farinha (f)	мука (ж)	[muká]
enlatados (m pl)	консервы (мн)	[kɔnsérvi]

flocos (m pl) de milho	кукурузные хлопья (мн)	[kukurúznie hlópja]
mel (m)	мёд (м)	[møʹd]
doce (m)	джем, конфитюр (м)	[dʒǽm], [kɔnfitʹúr]
pastilha (f) elástica	жевательная резинка (м)	[ʒevátelʹnaja rezínka]

53. Bebidas

água (f)	вода (ж)	[vɔdá]
água (f) potável	питьевая вода (ж)	[pitjevája vɔdá]
água (f) mineral	минеральная вода (ж)	[minerálʹnaja vɔdá]

sem gás	без газа	[bez gáza]
gaseificada	газированная	[gaziróvanaja]
com gás	с газом	[s gázɔm]
gelo (m)	лёд (м)	[løʹd]
com gelo	со льдом	[sɔ lʹdóm]

sem álcool	безалкогольный	[bezalkɔgólʹnij]
bebida (f) sem álcool	безалкогольный напиток (м)	[bezalkɔgólʹnij napítɔk]
refresco (m)	прохладительный напиток (м)	[prɔhladítelʹnij napítɔk]
limonada (f)	лимонад (м)	[limɔnád]

bebidas (f pl) alcoólicas	алкогольные напитки (мн)	[alkɔgólʹnie napítki]
vinho (m)	вино (с)	[vinó]
vinho (m) branco	белое вино (с)	[bélɔe vinó]
vinho (m) tinto	красное вино (с)	[krásnɔe vinó]

licor (m)	ликёр (м)	[likøʹr]
champanhe (m)	шампанское (с)	[ʃampánskɔe]
vermute (m)	вермут (м)	[vérmut]

uísque (m)	виски (с)	[víski]
vodka (f)	водка (ж)	[vótka]
gim (m)	джин (м)	[dʒĩn]
conhaque (m)	коньяк (м)	[kɔnják]
rum (m)	ром (м)	[róm]

café (m)	кофе (м)	[kófe]
café (m) puro	чёрный кофе (м)	[ʧórnij kófe]
café (m) com leite	кофе (м) с молоком	[kófe s mɔlɔkóm]
cappuccino (m)	кофе (м) со сливками	[kófe sɔ slífkami]
café (m) solúvel	растворимый кофе (м)	[rastvɔrímij kófe]

| leite (m) | молоко (с) | [mɔlɔkó] |
| coquetel (m) | коктейль (м) | [kɔktǽjlʹ] |

batido (m) de leite	молочный коктейль (м)	[məlótʃnij kɔktǽjlʲ]
sumo (m)	сок (м)	[sók]
sumo (m) de tomate	томатный сок (м)	[təmátnij sók]
sumo (m) de laranja	апельсиновый сок (м)	[apelʲsínəvij sók]
sumo (m) fresco	свежевыжатый сок (м)	[sveʒe·vĩʒatij sók]

cerveja (f)	пиво (c)	[pívɔ]
cerveja (f) clara	светлое пиво (c)	[svétlɔe pívɔ]
cerveja (f) preta	тёмное пиво (c)	[tǿmnɔe pívɔ]

chá (m)	чай (м)	[ʧáj]
chá (m) preto	чёрный чай (м)	[ʧórnij ʧáj]
chá (m) verde	зелёный чай (м)	[zelǿnij ʧáj]

54. Vegetais

| legumes (m pl) | овощи (м мн) | [óvɔʃi] |
| verduras (f pl) | зелень (ж) | [zélenʲ] |

tomate (m)	помидор (м)	[pəmidór]
pepino (m)	огурец (м)	[ɔguréʦ]
cenoura (f)	морковь (ж)	[mɔrkófʲ]
batata (f)	картофель (м)	[kartófelʲ]
cebola (f)	лук (м)	[lúk]
alho (m)	чеснок (м)	[ʧesnók]

couve (f)	капуста (ж)	[kapústa]
couve-flor (f)	цветная капуста (ж)	[ʦvetnája kapústa]
couve-de-bruxelas (f)	брюссельская капуста (ж)	[brʲusélʲskaja kapústa]
brócolos (m pl)	капуста брокколи (ж)	[kapústa brókɔli]

beterraba (f)	свёкла (ж)	[svǿkla]
beringela (f)	баклажан (м)	[baklaʒán]
curgete (f)	кабачок (м)	[kabaʧók]
abóbora (f)	тыква (ж)	[tĩkva]
nabo (m)	репа (ж)	[répa]

salsa (f)	петрушка (ж)	[petrúʃka]
funcho, endro (m)	укроп (м)	[ukróp]
alface (f)	салат (м)	[salát]
aipo (m)	сельдерей (м)	[selʲderéj]

| espargo (m) | спаржа (ж) | [spárʒa] |
| espinafre (m) | шпинат (м) | [ʃpinát] |

| ervilha (f) | горох (м) | [gɔróh] |
| fava (f) | бобы (мн) | [bɔbĩ] |

| milho (m) | кукуруза (ж) | [kukurúza] |
| feijão (m) | фасоль (ж) | [fasólʲ] |

pimentão (m)	перец (м)	[péreʦ]
rabanete (m)	редис (м)	[redís]
alcachofra (f)	артишок (м)	[artiʃók]

55. Frutos. Nozes

fruta (f)	фрукт (м)	[frúkt]
maçã (f)	яблоко (с)	[jáblɔkɔ]
pera (f)	груша (ж)	[grúʃa]
limão (m)	лимон (м)	[limón]
laranja (f)	апельсин (м)	[apelʲsín]
morango (m)	клубника (ж)	[klubníka]
tangerina (f)	мандарин (м)	[mandarín]
ameixa (f)	слива (ж)	[slíva]
pêssego (m)	персик (м)	[pérsik]
damasco (m)	абрикос (м)	[abrikós]
framboesa (f)	малина (ж)	[malína]
ananás (m)	ананас (м)	[ananás]
banana (f)	банан (м)	[banán]
melancia (f)	арбуз (м)	[arbús]
uva (f)	виноград (м)	[vinɔgrád]
ginja (f)	вишня (ж)	[víʃnʲa]
cereja (f)	черешня (ж)	[tʃereʃnʲa]
meloa (f)	дыня (ж)	[dînʲa]
toranja (f)	грейпфрут (м)	[gréjpfrut]
abacate (m)	авокадо (с)	[avɔkádɔ]
papaia (f)	папайя (ж)	[papája]
manga (f)	манго (с)	[mángɔ]
romã (f)	гранат (м)	[granát]
groselha (f) vermelha	красная смородина (ж)	[krásnaja smɔródina]
groselha (f) preta	чёрная смородина (ж)	[tʃórnaja smɔródina]
groselha (f) espinhosa	крыжовник (м)	[kriʒóvnik]
mirtilo (m)	черника (ж)	[tʃerníka]
amora silvestre (f)	ежевика (ж)	[eʒevíka]
uvas (f pl) passas	изюм (м)	[izʲúm]
figo (m)	инжир (м)	[inʒîr]
tâmara (f)	финик (м)	[fínik]
amendoim (m)	арахис (м)	[aráhis]
amêndoa (f)	миндаль (м)	[mindálʲ]
noz (f)	грецкий орех (м)	[grétskij ɔréh]
avelã (f)	лесной орех (м)	[lesnój ɔréh]
coco (m)	кокосовый орех (м)	[kɔkósɔvij ɔréh]
pistáchios (m pl)	фисташки (мн)	[fistáʃki]

56. Pão. Bolaria

pastelaria (f)	кондитерские изделия (мн)	[kɔndíterskie izdélija]
pão (m)	хлеб (м)	[hléb]
bolacha (f)	печенье (с)	[petʃénje]
chocolate (m)	шоколад (м)	[ʃɔkɔlád]
de chocolate	шоколадный	[ʃɔkɔládnij]

rebuçado (m)	конфета (ж)	[konféta]
bolo (cupcake, etc.)	пирожное (с)	[piróʒnɔe]
bolo (m) de aniversário	торт (м)	[tórt]

| tarte (~ de maçã) | пирог (м) | [piróg] |
| recheio (m) | начинка (ж) | [naʧínka] |

doce (m)	варенье (с)	[varénje]
geleia (f) de frutas	мармелад (м)	[marmelád]
waffle (m)	вафли (мн)	[váfli]
gelado (m)	мороженое (с)	[mɔróʒenɔe]
pudim (m)	пудинг (м)	[púding]

57. Especiarias

sal (m)	соль (ж)	[sólʲ]
salgado	солёный	[sɔlǿnij]
salgar (vt)	солить (нсв, пх)	[sɔlítʲ]

pimenta (f) preta	чёрный перец (м)	[ʧórnij pérets]
pimenta (f) vermelha	красный перец (м)	[krásnij pérets]
mostarda (f)	горчица (ж)	[gɔrʧítsa]
raiz-forte (f)	хрен (м)	[hrén]

condimento (m)	приправа (ж)	[pripráva]
especiaria (f)	пряность (ж)	[prʲánɔstʲ]
molho (m)	соус (м)	[sóus]
vinagre (m)	уксус (м)	[úksus]

anis (m)	анис (м)	[anís]
manjericão (m)	базилик (м)	[bazilík]
cravo (m)	гвоздика (ж)	[gvɔzdíka]
gengibre (m)	имбирь (м)	[imbírʲ]
coentro (m)	кориандр (м)	[kɔriándr]
canela (f)	корица (ж)	[kɔrítsa]

sésamo (m)	кунжут (м)	[kunʒút]
folhas (f pl) de louro	лавровый лист (м)	[lavróvij líst]
páprica (f)	паприка (ж)	[páprika]
cominho (m)	тмин (м)	[tmín]
açafrão (m)	шафран (м)	[ʃafrán]

INFORMAÇÃO PESSOAL. FAMÍLIA

58. Informação pessoal. Formulários

nome (m)	имя (c)	[ímʲa]
apelido (m)	фамилия (ж)	[famílija]
data (f) de nascimento	дата (ж) рождения	[dáta rɔʒdénija]
local (m) de nascimento	место (c) рождения	[méstɔ rɔʒdénija]
nacionalidade (f)	национальность (ж)	[natsiɔnálʲnɔstʲ]
lugar (m) de residência	место (c) жительства	[méstɔ ʒītelʲstva]
país (m)	страна (ж)	[straná]
profissão (f)	профессия (ж)	[prɔfésija]
sexo (m)	пол (м)	[pól]
estatura (f)	рост (м)	[róst]
peso (m)	вес (м)	[vés]

59. Membros da família. Parentes

mãe (f)	мать (ж)	[mátʲ]
pai (m)	отец (м)	[ɔtéts]
filho (m)	сын (м)	[sīn]
filha (f)	дочь (ж)	[dótʃʲ]
filha (f) mais nova	младшая дочь (ж)	[mládʃaja dótʃʲ]
filho (m) mais novo	младший сын (м)	[mládʃij sīn]
filha (f) mais velha	старшая дочь (ж)	[stárʃaja dótʃʲ]
filho (m) mais velho	старший сын (м)	[stárʃij sīn]
irmão (m)	брат (м)	[brát]
irmã (f)	сестра (ж)	[sestrá]
primo (m)	двоюродный брат (м)	[dvɔjúrɔdnij brát]
prima (f)	двоюродная сестра (ж)	[dvɔjúrɔdnaja sestrá]
mamã (f)	мама (ж)	[máma]
papá (m)	папа (м)	[pápa]
pais (pl)	родители (мн)	[rɔdíteli]
criança (f)	ребёнок (м)	[rebǿnɔk]
crianças (f pl)	дети (мн)	[déti]
avó (f)	бабушка (ж)	[bábuʃka]
avô (m)	дедушка (м)	[déduʃka]
neto (m)	внук (м)	[vnúk]
neta (f)	внучка (ж)	[vnútʃka]
netos (pl)	внуки (мн)	[vnúki]
tio (m)	дядя (м)	[dʲádʲa]
tia (f)	тётя (ж)	[tǿtʲa]

| sobrinho (m) | племянник (м) | [plemʲánik] |
| sobrinha (f) | племянница (ж) | [plemʲánitsa] |

sogra (f)	тёща (ж)	[tóʃʲa]
sogro (m)	свёкор (м)	[svǿkɔr]
genro (m)	зять (м)	[zʲátʲ]
madrasta (f)	мачеха (ж)	[mátʃeha]
padrasto (m)	отчим (м)	[óttʃim]

criança (f) de colo	грудной ребёнок (м)	[grudnój rebǿnɔk]
bebé (m)	младенец (м)	[mladénets]
menino (m)	малыш (м)	[malíʃ]

mulher (f)	жена (ж)	[ʒená]
marido (m)	муж (м)	[múʃ]
esposo (m)	супруг (м)	[suprúg]
esposa (f)	супруга (ж)	[suprúga]

casado	женатый	[ʒenátij]
casada	замужняя	[zamúʒnʲaja]
solteiro	холостой	[hɔlɔstój]
solteirão (m)	холостяк (м)	[hɔlɔstʲák]
divorciado	разведённый	[razvedǿnnij]
viúva (f)	вдова (ж)	[vdɔvá]
viúvo (m)	вдовец (м)	[vdɔvéts]

parente (m)	родственник (м)	[rótstvenik]
parente (m) próximo	близкий родственник (м)	[blískij rótstvenik]
parente (m) distante	дальний родственник (м)	[dálʲnij rótstvenik]
parentes (m pl)	родные (мн)	[rɔdnīje]

órfão (m)	сирота (м)	[sirɔtá]
órfã (f)	сирота (ж)	[sirɔtá]
tutor (m)	опекун (м)	[ɔpekún]
adotar (um filho)	усыновить (св, пх)	[usinɔvítʲ]
adotar (uma filha)	удочерить (св, пх)	[udɔtʃerítʲ]

60. Amigos. Colegas de trabalho

amigo (m)	друг (м)	[drúg]
amiga (f)	подруга (ж)	[pɔdrúga]
amizade (f)	дружба (ж)	[drúʒba]
ser amigos	дружить (нсв, нпх)	[druʒītʲ]

amigo (m)	приятель (м)	[prijátelʲ]
amiga (f)	приятельница (ж)	[prijátelʲnitsa]
parceiro (m)	партнёр (м)	[partnǿr]

chefe (m)	шеф (м)	[ʃǽf]
superior (m)	начальник (м)	[natʃálʲnik]
proprietário (m)	владелец (м)	[vladélets]
subordinado (m)	подчинённый (м)	[pɔttʃinǿnnij]
colega (m)	коллега (м)	[kɔléga]
conhecido (m)	знакомый (м)	[znakómij]

| companheiro (m) de viagem | попутчик (м) | [popútʧik] |
| colega (m) de classe | одноклассник (м) | [odnoklásnik] |

vizinho (m)	сосед (м)	[soséd]
vizinha (f)	соседка (ж)	[sosétka]
vizinhos (pl)	соседи (мн)	[sosédi]

CORPO HUMANO. MEDICINA

61. Cabeça

cabeça (f)	голова (ж)	[gɔlɔvá]
cara (f)	лицо (c)	[liʦó]
nariz (m)	нос (м)	[nós]
boca (f)	рот (м)	[rót]
olho (m)	глаз (м)	[glás]
olhos (m pl)	глаза (мн)	[glazá]
pupila (f)	зрачок (м)	[zraʧók]
sobrancelha (f)	бровь (ж)	[bróf¹]
pestana (f)	ресница (ж)	[resníʦa]
pálpebra (f)	веко (c)	[vékɔ]
língua (f)	язык (м)	[jizīk]
dente (m)	зуб (м)	[zúb]
lábios (m pl)	губы (мн)	[gúbi]
maçãs (f pl) do rosto	скулы (мн)	[skúli]
gengiva (f)	десна (ж)	[desná]
palato (m)	нёбо (c)	[nǿbɔ]
narinas (f pl)	ноздри (мн)	[nózdri]
queixo (m)	подбородок (м)	[pɔdbɔródɔk]
mandíbula (f)	челюсть (ж)	[ʧélʲustʲ]
bochecha (f)	щека (ж)	[ʃʲeká]
testa (f)	лоб (м)	[lób]
têmpora (f)	висок (м)	[visók]
orelha (f)	ухо (c)	[úhɔ]
nuca (f)	затылок (м)	[zatīlɔk]
pescoço (m)	шея (ж)	[ʃǽja]
garganta (f)	горло (c)	[górlɔ]
cabelos (m pl)	волосы (мн)	[vólɔsi]
penteado (m)	причёска (ж)	[priʧóska]
corte (m) de cabelo	стрижка (ж)	[stríʃka]
peruca (f)	парик (м)	[parík]
bigode (m)	усы (м мн)	[usī]
barba (f)	борода (ж)	[bɔrɔdá]
usar, ter (~ barba, etc.)	носить (нсв, пх)	[nɔsítʲ]
trança (f)	коса (ж)	[kɔsá]
suíças (f pl)	бакенбарды (мн)	[bakenbárdi]
ruivo	рыжий	[rīʒij]
grisalho	седой	[sedój]
calvo	лысый	[līsij]
calva (f)	лысина (ж)	[līsina]

| rabo-de-cavalo (m) | хвост (м) | [hvóst] |
| franja (f) | чёлка (ж) | [ʧólka] |

62. Corpo humano

| mão (f) | кисть (ж) | [kístʲ] |
| braço (m) | рука (ж) | [ruká] |

dedo (m)	палец (м)	[páleʦ]
polegar (m)	большой палец (м)	[bolʲʃój páleʦ]
dedo (m) mindinho	мизинец (м)	[mizíneʦ]
unha (f)	ноготь (м)	[nógotʲ]

punho (m)	кулак (м)	[kulák]
palma (f) da mão	ладонь (ж)	[ladónʲ]
pulso (m)	запястье (с)	[zapʲástje]
antebraço (m)	предплечье (с)	[pretpléʧje]
cotovelo (m)	локоть (м)	[lókotʲ]
ombro (m)	плечо (с)	[pleʧó]

perna (f)	нога (ж)	[nɔgá]
pé (m)	ступня (ж)	[stupnʲá]
joelho (m)	колено (с)	[kɔlénɔ]
barriga (f) da perna	икра (ж)	[ikrá]
anca (f)	бедро (с)	[bedró]
calcanhar (m)	пятка (ж)	[pʲátka]

corpo (m)	тело (с)	[télɔ]
barriga (f)	живот (м)	[ʒivót]
peito (m)	грудь (ж)	[grútʲ]
seio (m)	грудь (ж)	[grútʲ]
lado (m)	бок (м)	[bók]
costas (f pl)	спина (ж)	[spiná]
região (f) lombar	поясница (ж)	[pɔjisnítsa]
cintura (f)	талия (ж)	[tálija]

umbigo (m)	пупок (м)	[pupók]
nádegas (f pl)	ягодицы (мн)	[jágɔditsi]
traseiro (m)	зад (м)	[zád]

sinal (m)	родинка (ж)	[ródinka]
sinal (m) de nascença	родимое пятно (с)	[rɔdímɔe pɪtnó]
tatuagem (f)	татуировка (ж)	[tatuirófka]
cicatriz (f)	шрам (м)	[ʃrám]

63. Doenças

doença (f)	болезнь (ж)	[bɔléznʲ]
estar doente	болеть (нсв, нпх)	[bɔlétʲ]
saúde (f)	здоровье (с)	[zdɔróvje]
nariz (m) a escorrer	насморк (м)	[násmɔrk]
amigdalite (f)	ангина (ж)	[angína]

constipação (f)	простуда (ж)	[prɔstúda]
constipar-se (vr)	простудиться (св, возв)	[prɔstudítsa]
bronquite (f)	бронхит (м)	[brɔnhít]
pneumonia (f)	воспаление (c) лёгких	[vɔspalénie lǿhkih]
gripe (f)	грипп (м)	[gríp]
míope	близорукий	[blizɔrúkij]
presbita	дальнозоркий	[dalʲnɔzórkij]
estrabismo (m)	косоглазие (c)	[kɔsɔglázie]
estrábico	косоглазый	[kɔsɔglázij]
catarata (f)	катаракта (ж)	[katarákta]
glaucoma (m)	глаукома (ж)	[glaukóma]
AVC (m), apoplexia (f)	инсульт (м)	[insúlʲt]
ataque (m) cardíaco	инфаркт (м)	[infárkt]
enfarte (m) do miocárdio	инфаркт (м) миокарда	[infárkt miɔkárda]
paralisia (f)	паралич (м)	[paralítʃ]
paralisar (vt)	парализовать (нсв, пх)	[paralizɔvátʲ]
alergia (f)	аллергия (ж)	[alergíja]
asma (f)	астма (ж)	[ástma]
diabetes (f)	диабет (м)	[diabét]
dor (f) de dentes	зубная боль (ж)	[zubnája bólʲ]
cárie (f)	кариес (м)	[káries]
diarreia (f)	диарея (ж)	[diaréja]
prisão (f) de ventre	запор (м)	[zapór]
desarranjo (m) intestinal	расстройство (c) желудка	[rastrójstvɔ ʒelútka]
intoxicação (f) alimentar	отравление (c)	[ɔtravlénie]
intoxicar-se	отравиться (св, возв)	[ɔtravítsa]
artrite (f)	артрит (м)	[artrít]
raquitismo (m)	рахит (м)	[rahít]
reumatismo (m)	ревматизм (м)	[revmatízm]
arteriosclerose (f)	атеросклероз (м)	[atɛrɔsklerós]
gastrite (f)	гастрит (м)	[gastrít]
apendicite (f)	аппендицит (м)	[apenditsīt]
colecistite (f)	холецистит (м)	[hɔletsistít]
úlcera (f)	язва (ж)	[jázva]
sarampo (m)	корь (ж)	[kórʲ]
rubéola (f)	краснуха (ж)	[krasnúha]
iterícia (f)	желтуха (ж)	[ʒeltúha]
hepatite (f)	гепатит (м)	[gepatít]
esquizofrenia (f)	шизофрения (ж)	[ʃizofreníja]
raiva (f)	бешенство (c)	[béʃɛnstvɔ]
neurose (f)	невроз (м)	[nevrós]
comoção (f) cerebral	сотрясение (c) мозга	[sɔtrɪsénie mózga]
cancro (m)	рак (м)	[rák]
esclerose (f)	склероз (м)	[sklerós]
esclerose (f) múltipla	рассеянный склероз (м)	[rasséɪnnij sklerós]

alcoolismo (m)	алкоголизм (м)	[alkɔgɔlízm]
alcoólico (m)	алкоголик (м)	[alkɔgólik]
sífilis (f)	сифилис (м)	[sífilis]
SIDA (f)	СПИД (м)	[spíd]

tumor (m)	опухоль (ж)	[ópuhɔlʲ]
maligno	злокачественная	[zlɔkátʃestvenaja]
benigno	доброкачественная	[dɔbrɔkátʃestvenaja]

febre (f)	лихорадка (ж)	[lihɔrátka]
malária (f)	малярия (ж)	[malîríja]
gangrena (f)	гангрена (ж)	[gangréna]
enjoo (m)	морская болезнь (ж)	[mɔrskája bɔléznʲ]
epilepsia (f)	эпилепсия (ж)	[ɛpilépsija]

epidemia (f)	эпидемия (ж)	[ɛpidémija]
tifo (m)	тиф (м)	[tíf]
tuberculose (f)	туберкулёз (м)	[tuberkulǿs]
cólera (f)	холера (ж)	[hɔléra]
peste (f)	чума (ж)	[tʃʲumá]

64. Sintomas. Tratamentos. Parte 1

sintoma (m)	симптом (м)	[simptóm]
temperatura (f)	температура (ж)	[temperatúra]
febre (f)	высокая температура (ж)	[visókaja temperatúra]
pulso (m)	пульс (м)	[púlʲs]

vertigem (f)	головокружение (с)	[gólovo·kruʒǽnie]
quente (testa, etc.)	горячий	[gɔrʲátʃij]
calafrio (m)	озноб (м)	[ɔznób]
pálido	бледный	[blédnij]

tosse (f)	кашель (м)	[káʃɛlʲ]
tossir (vi)	кашлять (нсв, нпх)	[káʃlʲtʲ]
espirrar (vi)	чихать (нсв, нпх)	[tʃʲihátʲ]
desmaio (m)	обморок (м)	[óbmɔrɔk]
desmaiar (vi)	упасть в обморок	[upástʲ v óbmɔrɔk]

nódoa (f) negra	синяк (м)	[sinʲák]
galo (m)	шишка (ж)	[ʃîʃka]
magoar-se (vr)	удариться (св, возв)	[udáritsa]
pisadura (f)	ушиб (м)	[uʃîb]
aleijar-se (vr)	ударить ... (св, пх)	[udáritʲ ...]

coxear (vi)	хромать (нсв, нпх)	[hrɔmátʲ]
deslocação (f)	вывих (м)	[vīvih]
deslocar (vt)	вывихнуть (св, пх)	[vīvihnutʲ]
fratura (f)	перелом (м)	[perelóm]
fraturar (vt)	получить перелом	[pɔlutʃítʲ perelóm]

corte (m)	порез (м)	[pɔrés]
cortar-se (vr)	порезаться (св, возв)	[pɔrézatsa]
hemorragia (f)	кровотечение (с)	[krɔvɔ·tetʃénie]

| queimadura (f) | ожог (м) | [ɔʒóg] |
| queimar-se (vr) | обжечься (св, возв) | [ɔbʒǽtʃsʲa] |

picar (vt)	уколоть (св, пх)	[ukɔlótʲ]
picar-se (vr)	уколоться (св, возв)	[ukɔlótsa]
lesionar (vt)	повредить (св, пх)	[pɔvredítʲ]
lesão (m)	повреждение (с)	[pɔvreʒdénie]
ferida (f), ferimento (m)	рана (ж)	[rána]
trauma (m)	травма (ж)	[trávma]

delirar (vi)	бредить (нсв, нпх)	[bréditʲ]
gaguejar (vi)	заикаться (нсв, возв)	[zaikátsa]
insolação (f)	солнечный удар (м)	[sólnetʃnij udár]

65. Sintomas. Tratamentos. Parte 2

| dor (f) | боль (ж) | [bólʲ] |
| farpa (no dedo) | заноза (ж) | [zanóza] |

suor (m)	пот (м)	[pót]
suar (vi)	потеть (нсв, нпх)	[pɔtétʲ]
vómito (m)	рвота (ж)	[rvóta]
convulsões (f pl)	судороги (ж мн)	[súdɔrɔgi]

grávida	беременная	[berémennaja]
nascer (vi)	родиться (св, возв)	[rɔdítsa]
parto (m)	роды (мн)	[ródɨ]
dar à luz	рожать (нсв, пх)	[rɔʒátʲ]
aborto (m)	аборт (м)	[abórt]

respiração (f)	дыхание (с)	[dɨhánie]
inspiração (f)	вдох (м)	[vdóh]
expiração (f)	выдох (м)	[vɨ̄dɔh]
expirar (vi)	выдохнуть (св, пх)	[vɨ̄dɔhnutʲ]
inspirar (vi)	вдыхать (нсв, нпх)	[vdɨhátʲ]

inválido (m)	инвалид (м)	[invalíd]
aleijado (m)	калека (с)	[kaléka]
toxicodependente (m)	наркоман (м)	[narkɔmán]

surdo	глухой	[gluhój]
mudo	немой	[nemój]
surdo-mudo	глухонемой	[gluhɔ·nemój]

louco (adj.)	сумасшедший	[sumaʃǽdʃɛj]
louco (m)	сумасшедший (м)	[sumaʃǽdʃɛj]
louca (f)	сумасшедшая (ж)	[sumaʃǽdʃaja]
ficar louco	сойти с ума	[sɔjtí s umá]

gene (m)	ген (м)	[gén]
imunidade (f)	иммунитет (м)	[imunitét]
hereditário	наследственный	[naslétstvenij]
congénito	врождённый	[vrɔʒdǿnij]
vírus (m)	вирус (м)	[vírus]

micróbio (m)	микроб (м)	[mikrób]
bactéria (f)	бактерия (ж)	[baktǽrija]
infeção (f)	инфекция (ж)	[inféktsija]

66. Sintomas. Tratamentos. Parte 3

| hospital (m) | больница (ж) | [bol'nítsa] |
| paciente (m) | пациент (м) | [patsiǽnt] |

diagnóstico (m)	диагноз (м)	[diágnɔs]
cura (f)	лечение (с)	[letʃénie]
tratamento (m) médico	лечение (с)	[letʃénie]
curar-se (vr)	лечиться (нсв, возв)	[letʃítsa]
tratar (vt)	лечить (нсв, пх)	[letʃít']
cuidar (pessoa)	ухаживать (нсв, нпх)	[uháʒivat']
cuidados (m pl)	уход (м)	[uhód]

operação (f)	операция (ж)	[ɔperátsija]
enfaixar (vt)	перевязать (св, пх)	[perevızát']
enfaixamento (m)	перевязка (ж)	[perev'ázka]

vacinação (f)	прививка (ж)	[privífka]
vacinar (vt)	делать прививку	[délat' privífku]
injeção (f)	укол (м)	[ukól]
dar uma injeção	делать укол	[délat' ukól]

amputação (f)	ампутация (ж)	[amputátsija]
amputar (vt)	ампутировать (н/св, пх)	[amputírovat']
coma (f)	кома (ж)	[kóma]
estar em coma	быть в коме	[bît' f kóme]
reanimação (f)	реанимация (ж)	[reanimátsija]

recuperar-se (vr)	выздоравливать (нсв, нпх)	[vizdɔrávlivat']
estado (~ de saúde)	состояние (с)	[sɔstɔjánie]
consciência (f)	сознание (с)	[soznánie]
memória (f)	память (ж)	[pámıt']

tirar (vt)	удалять (нсв, пх)	[udal'át']
chumbo (m), obturação (f)	пломба (ж)	[plómba]
chumbar, obturar (vt)	пломбировать (нсв, пх)	[plɔmbirɔvát']

| hipnose (f) | гипноз (м) | [gipnós] |
| hipnotizar (vt) | гипнотизировать (нсв, пх) | [gipnɔtizírovat'] |

67. Medicina. Drogas. Acessórios

medicamento (m)	лекарство (с)	[lekárstvɔ]
remédio (m)	средство (с)	[srétstvɔ]
receitar (vt)	прописать (нсв, пх)	[prɔpisát']
receita (f)	рецепт (м)	[retsǽpt]
comprimido (m)	таблетка (ж)	[tablétka]
pomada (f)	мазь (ж)	[más']

ampola (f)	ампула (ж)	[ámpula]
preparado (m)	микстура (ж)	[mikstúra]
xarope (m)	сироп (м)	[siróp]
cápsula (f)	пилюля (ж)	[pilʲúlʲa]
remédio (m) em pó	порошок (м)	[pɔrɔʃók]
ligadura (f)	бинт (м)	[bínt]
algodão (m)	вата (ж)	[váta]
iodo (m)	йод (м)	[jód]
penso (m) rápido	лейкопластырь (м)	[lejkɔplástirʲ]
conta-gotas (m)	пипетка (ж)	[pipétka]
termómetro (m)	градусник (м)	[grádusnik]
seringa (f)	шприц (м)	[ʃpríts]
cadeira (f) de rodas	коляска (ж)	[kɔlʲáska]
muletas (f pl)	костыли (м мн)	[kɔstilʲí]
analgésico (m)	обезболивающее (с)	[ɔbezbólivajuʃee]
laxante (m)	слабительное (с)	[slabítelʲnɔe]
álcool (m) etílico	спирт (м)	[spírt]
ervas (f pl) medicinais	трава (ж)	[travá]
de ervas (chá ~)	травяной	[travɪnój]

APARTAMENTO

68. Apartamento

apartamento (m)	квартира (ж)	[kvartíra]
quarto (m)	комната (ж)	[kómnata]
quarto (m) de dormir	спальня (ж)	[spálʲnʲa]
sala (f) de jantar	столовая (ж)	[stɔlóvaja]
sala (f) de estar	гостиная (ж)	[gɔstínaja]
escritório (m)	кабинет (м)	[kabinét]
antessala (f)	прихожая (ж)	[prihóʒaja]
quarto (m) de banho	ванная комната (ж)	[vánnaja kómnata]
toilette (lavabo)	туалет (м)	[tualét]
teto (m)	потолок (м)	[pɔtɔlók]
chão, soalho (m)	пол (м)	[pól]
canto (m)	угол (м)	[úgɔl]

69. Mobiliário. Interior

mobiliário (m)	мебель (ж)	[mébelʲ]
mesa (f)	стол (м)	[stól]
cadeira (f)	стул (м)	[stúl]
cama (f)	кровать (ж)	[krɔvátʲ]
divã (m)	диван (м)	[diván]
cadeirão (m)	кресло (с)	[kréslɔ]
estante (f)	книжный шкаф (м)	[knízʲnij ʃkáf]
prateleira (f)	полка (ж)	[pólka]
guarda-vestidos (m)	гардероб (м)	[garderób]
cabide (m) de parede	вешалка (ж)	[véʃəlka]
cabide (m) de pé	вешалка (ж)	[véʃəlka]
cómoda (f)	комод (м)	[kɔmód]
mesinha (f) de centro	журнальный столик (м)	[ʒurnálʲnij stólik]
espelho (m)	зеркало (с)	[zérkalɔ]
tapete (m)	ковёр (м)	[kɔvǿr]
tapete (m) pequeno	коврик (м)	[kóvrik]
lareira (f)	камин (м)	[kamín]
vela (f)	свеча (ж)	[svetʃá]
castiçal (m)	подсвечник (м)	[pɔtsvétʃnik]
cortinas (f pl)	шторы (ж мн)	[ʃtóri]
papel (m) de parede	обои (мн)	[ɔbói]

estores (f pl)	жалюзи (мн)	[ʒalʲuzí]
candeeiro (m) de mesa	настольная лампа (ж)	[nastólʲnaja lámpa]
candeeiro (m) de parede	светильник (м)	[svetílʲnik]
candeeiro (m) de pé	торшер (м)	[tɔrʃǽr]
lustre (m)	люстра (ж)	[lʲústra]

pé (de mesa, etc.)	ножка (ж)	[nóʃka]
braço (m)	подлокотник (м)	[pɔdlɔkótnik]
costas (f pl)	спинка (ж)	[spínka]
gaveta (f)	ящик (м)	[jáʃik]

70. Quarto de dormir

roupa (f) de cama	постельное бельё (c)	[pɔstélʲnɔe beljǿ]
almofada (f)	подушка (ж)	[pɔdúʃka]
fronha (f)	наволочка (ж)	[návɔlɔʧka]
cobertor (m)	одеяло (c)	[ɔdejálɔ]
lençol (m)	простыня (ж)	[prɔstinʲá]
colcha (f)	покрывало (c)	[pɔkriválɔ]

71. Cozinha

cozinha (f)	кухня (ж)	[kúhnʲa]
gás (m)	газ (м)	[gás]
fogão (m) a gás	газовая плита (ж)	[gázɔvaja plitá]
fogão (m) elétrico	электроплита (ж)	[ɛléktrɔ·plitá]
forno (m)	духовка (ж)	[duhófka]
forno (m) de micro-ondas	микроволновая печь (ж)	[mikrɔ·vɔlnóvaja péʧ]

frigorífico (m)	холодильник (м)	[hɔlɔdílʲnik]
congelador (m)	морозильник (м)	[mɔrɔzílʲnik]
máquina (f) de lavar louça	посудомоечная машина (ж)	[pɔsúdɔ·móeʧnaja maʃīna]

moedor (m) de carne	мясорубка (ж)	[mɪsɔrúpka]
espremedor (m)	соковыжималка (ж)	[sɔkɔ·viʒimálka]
torradeira (f)	тостер (м)	[tóstɛr]
batedeira (f)	миксер (м)	[míkser]

máquina (f) de café	кофеварка (ж)	[kɔfevárka]
cafeteira (f)	кофейник (м)	[kɔféjnik]
moinho (m) de café	кофемолка (ж)	[kɔfemólka]

chaleira (f)	чайник (м)	[ʧájnik]
bule (m)	чайник (м)	[ʧájnik]
tampa (f)	крышка (ж)	[krīʃka]
coador (m) de chá	ситечко (c)	[síteʧkɔ]

colher (f)	ложка (ж)	[lóʃka]
colher (f) de chá	чайная ложка (ж)	[ʧájnaja lóʃka]
colher (f) de sopa	столовая ложка (ж)	[stɔlóvaja lóʃka]
garfo (m)	вилка (ж)	[vílka]
faca (f)	нож (м)	[nóʃ]

louça (f)	посуда (ж)	[pɔsúda]
prato (m)	тарелка (ж)	[tarélka]
pires (m)	блюдце (c)	[bliútse]

cálice (m)	рюмка (ж)	[riúmka]
copo (m)	стакан (м)	[stakán]
chávena (f)	чашка (ж)	[ʧáʃka]

açucareiro (m)	сахарница (ж)	[sáharnitsa]
saleiro (m)	солонка (ж)	[sɔlónka]
pimenteiro (m)	перечница (ж)	[péreʧnitsa]
manteigueira (f)	маслёнка (ж)	[maslǿnka]

panela, caçarola (f)	кастрюля (ж)	[kastriúlia]
frigideira (f)	сковородка (ж)	[skɔvɔrótka]
concha (f)	половник (м)	[pɔlóvnik]
passador (m)	дуршлаг (м)	[durʃlág]
bandeja (f)	поднос (м)	[pɔdnós]

garrafa (f)	бутылка (ж)	[butīlka]
boião (m) de vidro	банка (ж)	[bánka]
lata (f)	банка (ж)	[bánka]

abre-garrafas (m)	открывалка (ж)	[ɔtkriválka]
abre-latas (m)	открывалка (ж)	[ɔtkriválka]
saca-rolhas (m)	штопор (м)	[ʃtópɔr]
filtro (m)	фильтр (м)	[fílitr]
filtrar (vt)	фильтровать (нсв, пх)	[filitrɔváti]

| lixo (m) | мусор (м) | [músɔr] |
| balde (m) do lixo | мусорное ведро (c) | [músɔrnɔe vedró] |

72. Casa de banho

quarto (m) de banho	ванная комната (ж)	[vánnaja kómnata]
água (f)	вода (ж)	[vɔdá]
torneira (f)	кран (м)	[krán]
água (f) quente	горячая вода (ж)	[gɔriátʃaja vɔdá]
água (f) fria	холодная вода (ж)	[hɔlódnaja vɔdá]

pasta (f) de dentes	зубная паста (ж)	[zubnája pásta]
escovar os dentes	чистить зубы	[ʧístiti zúbi]
escova (f) de dentes	зубная щётка (ж)	[zubnája ʃǿtka]

barbear-se (vr)	бриться (нсв, возв)	[brítsa]
espuma (f) de barbear	пена (ж) для бритья	[péna dlia britjá]
máquina (f) de barbear	бритва (ж)	[brítva]

lavar (vt)	мыть (нсв, пх)	[mīti]
lavar-se (vr)	мыться (нсв, возв)	[mītsa]
duche (m)	душ (м)	[dúʃ]
tomar um duche	принимать душ	[prinimáti dúʃ]
banheira (f)	ванна (ж)	[vánna]
sanita (f)	унитаз (м)	[unitás]

lavatório (m)	раковина (ж)	[rákovina]
sabonete (m)	мыло (c)	[mílɔ]
saboneteira (f)	мыльница (ж)	[mílʲnitsa]

esponja (f)	губка (ж)	[gúpka]
champô (m)	шампунь (м)	[ʃampúnʲ]
toalha (f)	полотенце (c)	[pɔlɔténtse]
roupão (m) de banho	халат (м)	[halát]

lavagem (f)	стирка (ж)	[stírka]
máquina (f) de lavar	стиральная машина (ж)	[stirálʲnaja maʃína]
lavar a roupa	стирать бельё	[stirátʲ beljǿ]
detergente (m)	стиральный порошок (м)	[stirálʲnij pɔrɔʃók]

73. Eletrodomésticos

televisor (m)	телевизор (м)	[televízɔr]
gravador (m)	магнитофон (м)	[magnitɔfón]
videogravador (m)	видеомагнитофон (м)	[vídeɔ·magnitɔfón]
rádio (m)	приёмник (м)	[prijómnik]
leitor (m)	плеер (м)	[plǽjer]

projetor (m)	видеопроектор (м)	[vídeɔ·prɔǽktɔr]
cinema (m) em casa	домашний кинотеатр (м)	[dɔmáʃnij kinɔteátr]
leitor (m) de DVD	DVD проигрыватель (м)	[di·vi·dí prɔígrivatelʲ]
amplificador (m)	усилитель (м)	[usilítelʲ]
console (f) de jogos	игровая приставка (ж)	[igrɔvája pristáfka]

câmara (f) de vídeo	видеокамера (ж)	[vídeɔ·kámera]
máquina (f) fotográfica	фотоаппарат (м)	[fɔtɔ·aparát]
câmara (f) digital	цифровой фотоаппарат (м)	[tsifrɔvój fɔtɔaparát]

aspirador (m)	пылесос (м)	[pilesós]
ferro (m) de engomar	утюг (м)	[utʲúg]
tábua (f) de engomar	гладильная доска (ж)	[gladílʲnaja dɔská]

telefone (m)	телефон (м)	[telefón]
telemóvel (m)	мобильный телефон (м)	[mɔbílʲnij telefón]
máquina (f) de costura	швейная машинка (ж)	[ʃvejnaja maʃínka]

microfone (m)	микрофон (м)	[mikrɔfón]
auscultadores (m pl)	наушники (м мн)	[naúʃniki]
controlo remoto (m)	пульт (м)	[púlʲt]

CD (m)	компакт-диск (м)	[kɔmpákt-dísk]
cassete (f)	кассета (ж)	[kaséta]
disco (m) de vinil	пластинка (ж)	[plastínka]

A TERRA. TEMPO

74. Espaço sideral

cosmos (m)	космос (м)	[kósmɔs]
cósmico	космический	[kɔsmíʧeskij]
espaço (m) cósmico	космическое пространство	[kɔsmíʧeskɔe prɔstránstvɔ]
mundo (m)	мир (м)	[mír]
universo (m)	вселенная (ж)	[fselénnaja]
galáxia (f)	галактика (ж)	[galáktika]
estrela (f)	звезда (ж)	[zvezdá]
constelação (f)	созвездие (с)	[sɔzvézdie]
planeta (m)	планета (ж)	[planéta]
satélite (m)	спутник (м)	[spútnik]
meteorito (m)	метеорит (м)	[meteɔrít]
cometa (m)	комета (ж)	[kɔméta]
asteroide (m)	астероид (м)	[astɛróid]
órbita (f)	орбита (ж)	[ɔrbíta]
girar (vi)	вращаться (нсв, возв)	[vraʃátsa]
atmosfera (f)	атмосфера (ж)	[atmɔsféra]
Sol (m)	Солнце (с)	[sónʦe]
Sistema (m) Solar	Солнечная система (ж)	[sólneʧnaja sistéma]
eclipse (m) solar	солнечное затмение (с)	[sólneʧnɔe zatménie]
Terra (f)	Земля (ж)	[zemlʲá]
Lua (f)	Луна (ж)	[luná]
Marte (m)	Марс (м)	[márs]
Vénus (f)	Венера (ж)	[venéra]
Júpiter (m)	Юпитер (м)	[jupíter]
Saturno (m)	Сатурн (м)	[satúrn]
Mercúrio (m)	Меркурий (м)	[merkúrij]
Urano (m)	Уран (м)	[urán]
Neptuno (m)	Нептун (м)	[neptún]
Plutão (m)	Плутон (м)	[plutón]
Via Láctea (f)	Млечный Путь (м)	[mléʧnij pútʲ]
Ursa Maior (f)	Большая Медведица (ж)	[bɔlʲʃája medvéditsa]
Estrela Polar (f)	Полярная Звезда (ж)	[pɔlʲárnaja zvezdá]
marciano (m)	марсианин (м)	[marsiánin]
extraterrestre (m)	инопланетянин (м)	[inɔplanetʲánin]
alienígena (m)	пришелец (м)	[priʃǽleʦ]

disco (m) voador	летающая тарелка (ж)	[letájuʃaja tarélka]
nave (f) espacial	космический корабль (м)	[kɔsmítʃeskij kɔráblʲ]
estação (f) orbital	орбитальная станция (ж)	[ɔrbitálʲnaja stántsija]
lançamento (m)	старт (м)	[stárt]

motor (m)	двигатель (м)	[dvígatelʲ]
bocal (m)	сопло (с)	[sɔpló]
combustível (m)	топливо (с)	[tóplivɔ]

| cabine (f) | кабина (ж) | [kabína] |
| antena (f) | антенна (ж) | [antǽna] |

vigia (f)	иллюминатор (м)	[ilʲuminátɔr]
bateria (f) solar	солнечная батарея (ж)	[sólnetʃnaja bataréja]
traje (m) espacial	скафандр (м)	[skafándr]

| imponderabilidade (f) | невесомость (ж) | [nevesómɔstʲ] |
| oxigénio (m) | кислород (м) | [kislɔród] |

| acoplagem (f) | стыковка (ж) | [stɨkófka] |
| fazer uma acoplagem | производить стыковку | [prɔizvɔdítʲ stɨkófku] |

| observatório (m) | обсерватория (ж) | [ɔpservatórija] |
| telescópio (m) | телескоп (м) | [teleskóp] |

| observar (vt) | наблюдать (нсв, нпх) | [nablʲudátʲ] |
| explorar (vt) | исследовать (н/св, пх) | [islédɔvatʲ] |

75. A Terra

Terra (f)	Земля (ж)	[zemlʲá]
globo terrestre (Terra)	земной шар (м)	[zemnój ʃár]
planeta (m)	планета (ж)	[planéta]

atmosfera (f)	атмосфера (ж)	[atmɔsféra]
geografia (f)	география (ж)	[geɔgráfija]
natureza (f)	природа (ж)	[priróda]

globo (mapa esférico)	глобус (м)	[glóbus]
mapa (m)	карта (ж)	[kárta]
atlas (m)	атлас (м)	[átlas]

| Europa (f) | Европа (ж) | [evrópa] |
| Ásia (f) | Азия (ж) | [ázija] |

| África (f) | Африка (ж) | [áfrika] |
| Austrália (f) | Австралия (ж) | [afstrálija] |

América (f)	Америка (ж)	[sérika] [amérika]
América (f) do Norte	Северная Америка (ж)	[sévernaja amérika]
América (f) do Sul	Южная Америка (ж)	[júʒnaja amérika]

| Antártida (f) | Антарктида (ж) | [antarktída] |
| Ártico (m) | Арктика (ж) | [árktika] |

76. Pontos cardeais

norte (m)	север (м)	[séver]
para norte	на север	[na séver]
no norte	на севере	[na sévere]
do norte	северный	[sévernij]
sul (m)	юг (м)	[júg]
para sul	на юг	[na júg]
no sul	на юге	[na júge]
do sul	южный	[júʒnij]
oeste, ocidente (m)	запад (м)	[západ]
para oeste	на запад	[na západ]
no oeste	на западе	[na západe]
ocidental	западный	[západnij]
leste, oriente (m)	восток (м)	[vɔstók]
para leste	на восток	[na vɔstók]
no leste	на востоке	[na vɔstóke]
oriental	восточный	[vɔstótʃnij]

77. Mar. Oceano

mar (m)	море (c)	[móre]
oceano (m)	океан (м)	[ɔkeán]
golfo (m)	залив (м)	[zalíf]
estreito (m)	пролив (м)	[prɔlíf]
terra (f) firme	земля (ж), суша (ж)	[zemlʲá], [súʃa]
continente (m)	материк (м)	[materík]
ilha (f)	остров (м)	[óstrɔf]
península (f)	полуостров (м)	[pɔlu·óstrɔf]
arquipélago (m)	архипелаг (м)	[arhipelág]
baía (f)	бухта (ж)	[búhta]
porto (m)	гавань (ж)	[gávanʲ]
lagoa (f)	лагуна (ж)	[lagúna]
cabo (m)	мыс (м)	[mɨs]
atol (m)	атолл (м)	[atól]
recife (m)	риф (м)	[ríf]
coral (m)	коралл (м)	[kɔrál]
recife (m) de coral	коралловый риф (м)	[kɔrálovij ríf]
profundo	глубокий	[glubókij]
profundidade (f)	глубина (ж)	[glubiná]
abismo (m)	бездна (ж)	[bézdna]
fossa (f) oceânica	впадина (ж)	[fpádina]
corrente (f)	течение (c)	[tetʃénie]
banhar (vt)	омывать (нсв, пх)	[ɔmivátʲ]
litoral (m)	побережье (c)	[pɔberéʒje]

costa (f)	берег (м)	[béreg]
maré (f) alta	прилив (м)	[prilíf]
refluxo (m), maré (f) baixa	отлив (м)	[ɔtlíf]
restinga (f)	отмель (ж)	[ótmelʲ]
fundo (m)	дно (c)	[dnó]

onda (f)	волна (ж)	[vɔlná]
crista (f) da onda	гребень (м) волны	[grébenʲ vɔlnɨ̄]
espuma (f)	пена (ж)	[péna]

tempestade (f)	буря (ж)	[búrʲa]
furacão (m)	ураган (м)	[uragán]
tsunami (m)	цунами (c)	[tsunámi]
calmaria (f)	штиль (м)	[ʃtílʲ]
calmo	спокойный	[spɔkójnɨj]

| polo (m) | полюс (м) | [pólʲus] |
| polar | полярный | [pɔlʲárnɨj] |

latitude (f)	широта (ж)	[ʃirɔtá]
longitude (f)	долгота (ж)	[dɔlgɔtá]
paralela (f)	параллель (ж)	[paralélʲ]
equador (m)	экватор (м)	[ɛkvátɔr]

céu (m)	небо (c)	[nébɔ]
horizonte (m)	горизонт (м)	[gɔrizónt]
ar (m)	воздух (м)	[vózduh]

farol (m)	маяк (м)	[maják]
mergulhar (vi)	нырять (нсв, нпх)	[nirʲátʲ]
afundar-se (vr)	затонуть (св, нпх)	[zatɔnútʲ]
tesouros (m pl)	сокровища (мн)	[sɔkróviʃa]

78. Nomes de Mares e Oceanos

Oceano (m) Atlântico	Атлантический океан (м)	[atlantítʃeskij ɔkeán]
Oceano (m) Índico	Индийский океан (м)	[indíjskij ɔkeán]
Oceano (m) Pacífico	Тихий океан (м)	[tíhij ɔkeán]
Oceano (m) Ártico	Северный Ледовитый океан (м)	[sévernij ledɔvítij ɔkeán]

Mar (m) Negro	Чёрное море (c)	[tʃórnɔe móre]
Mar (m) Vermelho	Красное море (c)	[krásnɔe móre]
Mar (m) Amarelo	Жёлтое море (c)	[ʒóltɔe móre]
Mar (m) Branco	Белое море (c)	[bélɔe móre]

Mar (m) Cáspio	Каспийское море (c)	[kaspíjskɔe móre]
Mar (m) Morto	Мёртвое море (c)	[mórtvɔe móre]
Mar (m) Mediterrâneo	Средиземное море (c)	[sredizémnɔe móre]

Mar (m) Egeu	Эгейское море (c)	[ɛgéjskɔe móre]
Mar (m) Adriático	Адриатическое море (c)	[adriatítʃeskɔe móre]
Mar (m) Arábico	Аравийское море (c)	[aravíjskɔe móre]
Mar (m) do Japão	Японское море (c)	[jɪpónskɔe móre]

| Mar (m) de Bering | Берингово море (c) | [béringɔvɔ móre] |
| Mar (m) da China Meridional | Южно-Китайское море (c) | [júʒnɔ-kitájskɔe móre] |

Mar (m) de Coral	Коралловое море (c)	[kɔrálɔvɔe móre]
Mar (m) de Tasman	Тасманово море (c)	[tasmánɔvɔ móre]
Mar (m) do Caribe	Карибское море (c)	[karíbskɔe móre]

| Mar (m) de Barents | Баренцево море (c) | [bárentsɛvɔ móre] |
| Mar (m) de Kara | Карское море (c) | [kárskɔe móre] |

Mar (m) do Norte	Северное море (c)	[sévernɔe móre]
Mar (m) Báltico	Балтийское море (c)	[baltíjskɔe móre]
Mar (m) da Noruega	Норвежское море (c)	[nɔrvéʒskɔe móre]

79. Montanhas

montanha (f)	гора (ж)	[gɔrá]
cordilheira (f)	горная цепь (ж)	[górnaja tsæpʲ]
serra (f)	горный хребет (м)	[górnij hrebét]

cume (m)	вершина (ж)	[verʃína]
pico (m)	пик (м)	[pík]
sopé (m)	подножие (c)	[pɔdnóʒie]
declive (m)	склон (м)	[sklón]

vulcão (m)	вулкан (м)	[vulkán]
vulcão (m) ativo	действующий вулкан (м)	[déjstvujuʃij vulkán]
vulcão (m) extinto	потухший вулкан (м)	[pɔtúhʃij vulkán]

erupção (f)	извержение (c)	[izverʒǽnie]
cratera (f)	кратер (м)	[krátɛr]
magma (m)	магма (ж)	[mágma]
lava (f)	лава (ж)	[láva]
fundido (lava ~a)	раскалённый	[raskalǿnnij]

desfiladeiro (m)	каньон (м)	[kanjón]
garganta (f)	ущелье (c)	[uʃélje]
fenda (f)	расщелина (ж)	[raʃélina]

passo, colo (m)	перевал (м)	[perevál]
planalto (m)	плато (c)	[plató]
falésia (f)	скала (ж)	[skalá]
colina (f)	холм (м)	[hólm]

glaciar (m)	ледник (м)	[ledník]
queda (f) d'água	водопад (м)	[vɔdɔpád]
géiser (m)	гейзер (м)	[géjzer]
lago (m)	озеро (c)	[ózerɔ]

planície (f)	равнина (ж)	[ravnína]
paisagem (f)	пейзаж (м)	[pejzáʃ]
eco (m)	эхо (c)	[æhɔ]
alpinista (m)	альпинист (м)	[alʲpiníst]
escalador (m)	скалолаз (м)	[skalɔlás]

conquistar (vt)	покорять (нсв, пх)	[pɔkɔrʲátʲ]
subida, escalada (f)	восхождение (с)	[vɔsxɔʒdénie]

80. Nomes de montanhas

Alpes (m pl)	Альпы (мн)	[álʲpi]
monte Branco (m)	Монблан (м)	[mɔnblán]
Pirineus (m pl)	Пиренеи (мн)	[pirenéi]

Cárpatos (m pl)	Карпаты (мн)	[karpáti]
montes (m pl) Urais	Уральские горы (мн)	[urálʲskie góri]
Cáucaso (m)	Кавказ (м)	[kafkás]
Elbrus (m)	Эльбрус (м)	[ɛlʲbrús]

Altai (m)	Алтай (м)	[altáj]
Tian-Shan (m)	Тянь-Шань (ж)	[tʲánʲ-ʃánʲ]
Pamir (m)	Памир (м)	[pamír]
Himalaias (m pl)	Гималаи (мн)	[gimalái]
monte (m) Everest	Эверест (м)	[ɛverést]

Cordilheira (f) dos Andes	Анды (мн)	[ándi]
Kilimanjaro (m)	Килиманджаро (ж)	[kilimandʒárɔ]

81. Rios

rio (m)	река (ж)	[reká]
fonte, nascente (f)	источник (м)	[istótʃnik]
leito (m) do rio	русло (с)	[rúslɔ]
bacia (f)	бассейн (м)	[basǽjn]
desaguar no ...	впадать в ... (нсв)	[fpadátʲ f ...]

afluente (m)	приток (м)	[pritók]
margem (do rio)	берег (м)	[béreg]

corrente (f)	течение (с)	[tetʃénie]
rio abaixo	вниз по течению	[vnís pɔ tetʃéniju]
rio acima	вверх по течению	[vvérh pɔ tetʃéniju]

inundação (f)	наводнение (с)	[navɔdnénie]
cheia (f)	половодье (с)	[pɔlɔvódje]
transbordar (vi)	разливаться (нсв, возв)	[razlivátsa]
inundar (vt)	затоплять (нсв, пх)	[zatɔplʲátʲ]

banco (m) de areia	мель (ж)	[mélʲ]
rápidos (m pl)	порог (м)	[pɔróg]

barragem (f)	плотина (ж)	[plɔtína]
canal (m)	канал (м)	[kanál]
reservatório (m) de água	водохранилище (с)	[vódɔ·hraníliʃe]
eclusa (f)	шлюз (м)	[ʃlʲús]
corpo (m) de água	водоём (м)	[vɔdɔjóm]
pântano (m)	болото (с)	[bɔlótɔ]

tremedal (m)	трясина (ж)	[trɪsína]
remoinho (m)	водоворот (м)	[vɔdɔvɔrót]
arroio, regato (m)	ручей (м)	[ruʧéj]
potável	питьевой	[pitjevój]
doce (água)	пресный	[présnij]
gelo (m)	лёд (м)	[lǿd]
congelar-se (vr)	замёрзнуть (св, нпх)	[zamǿrznutʲ]

82. Nomes de rios

rio Sena (m)	Сена (ж)	[séna]
rio Loire (m)	Луара (ж)	[luára]
rio Tamisa (m)	Темза (ж)	[tǽmza]
rio Reno (m)	Рейн (м)	[rǽjn]
rio Danúbio (m)	Дунай (м)	[dunáj]
rio Volga (m)	Волга (ж)	[vólga]
rio Don (m)	Дон (м)	[dón]
rio Lena (m)	Лена (ж)	[léna]
rio Amarelo (m)	Хуанхэ (ж)	[huanhǽ]
rio Yangtzé (m)	янцзы (ж)	[jɪnʦzⁱ]
rio Mekong (m)	Меконг (м)	[mekóng]
rio Ganges (m)	Ганг (м)	[gáng]
rio Nilo (m)	Нил (м)	[níl]
rio Congo (m)	Конго (ж)	[kóngɔ]
rio Cubango (m)	Окаванго (ж)	[ɔkavángɔ]
rio Zambeze (m)	Замбези (ж)	[zambézi]
rio Limpopo (m)	Лимпопо (ж)	[limpɔpó]
rio Mississípi (m)	Миссисипи (ж)	[misisípi]

83. Floresta

floresta (f), bosque (m)	лес (м)	[lés]
florestal	лесной	[lesnój]
mata (f) cerrada	чаща (ж)	[ʧáʃʲa]
arvoredo (m)	роща (ж)	[róʃʲa]
clareira (f)	поляна (ж)	[pɔlʲána]
matagal (m)	заросли (мн)	[zárɔslⁱ]
mato (m)	кустарник (м)	[kustárnik]
vereda (f)	тропинка (ж)	[trɔpínka]
ravina (f)	овраг (м)	[ɔvrág]
árvore (f)	дерево (с)	[dérevɔ]
folha (f)	лист (м)	[líst]

folhagem (f)	листва (ж)	[listvá]
queda (f) das folhas	листопад (м)	[listɔpád]
cair (vi)	опадать (нсв, нпх)	[ɔpadátʲ]
topo (m)	верхушка (ж)	[verhúʃka]

ramo (m)	ветка (ж)	[vétka]
galho (m)	сук (м)	[súk]
botão, rebento (m)	почка (ж)	[pótʃka]
agulha (f)	игла (ж)	[iglá]
pinha (f)	шишка (ж)	[ʃiʃka]

buraco (m) de árvore	дупло (с)	[dupló]
ninho (m)	гнездо (с)	[gnezdó]
toca (f)	нора (ж)	[nɔrá]

tronco (m)	ствол (м)	[stvól]
raiz (f)	корень (м)	[kórenʲ]
casca (f) de árvore	кора (ж)	[kɔrá]
musgo (m)	мох (м)	[móh]

arrancar pela raiz	корчевать (нсв, пх)	[kɔrtʃevátʲ]
cortar (vt)	рубить (нсв, пх)	[rubítʲ]
desflorestar (vt)	вырубать лес	[vírubátʲ lʲés]
toco, cepo (m)	пень (м)	[pénʲ]

fogueira (f)	костёр (м)	[kɔstǿr]
incêndio (m) florestal	пожар (м)	[pɔʒár]
apagar (vt)	тушить (нсв, пх)	[tuʃítʲ]

guarda-florestal (m)	лесник (м)	[lesník]
proteção (f)	охрана (ж)	[ɔhrána]
proteger (a natureza)	охранять (нсв, пх)	[ɔhranʲátʲ]
caçador (m) furtivo	браконьер (м)	[brakɔnjér]
armadilha (f)	капкан (м)	[kapkán]

| colher (cogumelos, bagas) | собирать (нсв, пх) | [sɔbirátʲ] |
| perder-se (vr) | заблудиться (св, возв) | [zabludítsa] |

84. Recursos naturais

| recursos (m pl) naturais | природные ресурсы (м мн) | [priródnie resúrsi] |
| minerais (m pl) | полезные ископаемые (с мн) | [pɔléznie iskɔpáemie] |

| depósitos (m pl) | залежи (мн) | [zálezɨ] |
| jazida (f) | месторождение (с) | [mestɔrɔʒdénie] |

extrair (vt)	добывать (нсв, пх)	[dɔbivátʲ]
extração (f)	добыча (ж)	[dɔbītʃa]
minério (m)	руда (ж)	[rudá]
mina (f)	рудник (м)	[rudník]
poço (m) de mina	шахта (ж)	[ʃáhta]
mineiro (m)	шахтёр (м)	[ʃahtǿr]
gás (m)	газ (м)	[gás]
gasoduto (m)	газопровод (м)	[gazɔ·prɔvód]

petróleo (m)	нефть (ж)	[néftʲ]
oleoduto (m)	нефтепровод (м)	[nefte·prɔvód]
poço (m) de petróleo	нефтяная вышка (ж)	[neftɪnája vɨ̃ʃka]
torre (f) petrolífera	буровая вышка (ж)	[burɔvája vɨ̃ʃka]
petroleiro (m)	танкер (м)	[tánker]

areia (f)	песок (м)	[pesók]
calcário (m)	известняк (м)	[izvesnʲák]
cascalho (m)	гравий (м)	[grávij]
turfa (f)	торф (м)	[tórf]
argila (f)	глина (ж)	[glína]
carvão (m)	уголь (м)	[úgɔlʲ]

ferro (m)	железо (c)	[ʒelézɔ]
ouro (m)	золото (c)	[zólɔtɔ]
prata (f)	серебро (c)	[serebró]
níquel (m)	никель (м)	[níkelʲ]
cobre (m)	медь (ж)	[métʲ]

zinco (m)	цинк (м)	[ʦĩnk]
manganês (m)	марганец (м)	[márganeʦ]
mercúrio (m)	ртуть (ж)	[rtútʲ]
chumbo (m)	свинец (м)	[svinéʦ]

mineral (m)	минерал (м)	[minerál]
cristal (m)	кристалл (м)	[kristál]
mármore (m)	мрамор (м)	[mrámɔr]
urânio (m)	уран (м)	[urán]

85. Tempo

tempo (m)	погода (ж)	[pɔgóda]
previsão (f) do tempo	прогноз (м) погоды	[prɔgnós pɔgódɪ]
temperatura (f)	температура (ж)	[temperatúra]
termómetro (m)	термометр (м)	[termómetr]
barómetro (m)	барометр (м)	[barómetr]

húmido	влажный	[vláʒnij]
humidade (f)	влажность (ж)	[vláʒnɔstʲ]
calor (m)	жара (ж)	[ʒará]
cálido	жаркий	[ʒárkij]
está muito calor	жарко	[ʒárkɔ]

| está calor | тепло | [tepló] |
| quente | тёплый | [tǿplij] |

| está frio | холодно | [hólɔdnɔ] |
| frio | холодный | [hɔlódnij] |

sol (m)	солнце (c)	[sónʦe]
brilhar (vi)	светить (нсв, нпх)	[svetítʲ]
de sol, ensolarado	солнечный	[sólneʧnij]
nascer (vi)	взойти (св, нпх)	[vzɔjtí]
pôr-se (vr)	сесть (св, нпх)	[séstʲ]

nuvem (f)	облако (c)	[óblakɔ]
nublado	облачный	[óblatʃnij]
nuvem (f) preta	туча (ж)	[tútʃa]
escuro, cinzento	пасмурный	[pásmurnij]

chuva (f)	дождь (м)	[dóʃtʲ], [dóʃʲ]
está a chover	идёт дождь	[idǿt dóʃtʲ]
chuvoso	дождливый	[dɔʒdlívij]
chuviscar (vi)	моросить (нсв, нпх)	[mɔrɔsítʲ]

chuva (f) torrencial	проливной дождь (м)	[prɔlivnój dóʃtʲ]
chuvada (f)	ливень (м)	[lívenʲ]
forte (chuva)	сильный	[sílʲnij]
poça (f)	лужа (ж)	[lúʒa]
molhar-se (vr)	промокнуть (св, нпх)	[prɔmóknutʲ]

nevoeiro (m)	туман (м)	[tumán]
de nevoeiro	туманный	[tumánnij]
neve (f)	снег (м)	[snég]
está a nevar	идёт снег	[idǿt snég]

86. Tempo extremo. Catástrofes naturais

trovoada (f)	гроза (ж)	[grɔzá]
relâmpago (m)	молния (ж)	[mólnija]
relampejar (vi)	сверкать (нсв, нпх)	[sverkátʲ]

trovão (m)	гром (м)	[gróm]
trovejar (vi)	греметь (нсв, нпх)	[gremétʲ]
está a trovejar	гремит гром	[gremít gróm]

granizo (m)	град (м)	[grád]
está a cair granizo	идёт град	[idǿt grád]

inundar (vt)	затопить (св, пх)	[zatɔpítʲ]
inundação (f)	наводнение (c)	[navɔdnénie]

terremoto (m)	землетрясение (c)	[zemletrɪsénie]
abalo, tremor (m)	толчок (м)	[tɔltʃók]
epicentro (m)	эпицентр (м)	[ɛpitsǽntr]

erupção (f)	извержение (c)	[izverʒǽnie]
lava (f)	лава (ж)	[láva]

turbilhão (m)	смерч (м)	[smértʃ]
tornado (m)	торнадо (м)	[tɔrnádɔ]
tufão (m)	тайфун (м)	[tajfún]

furacão (m)	ураган (м)	[uragán]
tempestade (f)	буря (ж)	[búrʲa]
tsunami (m)	цунами (c)	[tsunámi]

ciclone (m)	циклон (м)	[tsiklón]
mau tempo (m)	непогода (ж)	[nepɔgóda]

incêndio (m)	пожар (м)	[pɔʒár]
catástrofe (f)	катастрофа (ж)	[katastrófa]
meteorito (m)	метеорит (м)	[meteɔrít]
avalanche (f)	лавина (ж)	[lavína]
deslizamento (m) de neve	обвал (м)	[ɔbvál]
nevasca (f)	метель (ж)	[metélʲ]
tempestade (f) de neve	вьюга (ж)	[vjúga]

FAUNA

87. Mamíferos. Predadores

predador (m)	хищник (м)	[híʃnik]
tigre (m)	тигр (м)	[tígr]
leão (m)	лев (м)	[léf]
lobo (m)	волк (м)	[vólk]
raposa (f)	лиса (ж)	[lisá]
jaguar (m)	ягуар (м)	[jɪguár]
leopardo (m)	леопард (м)	[leɔpárd]
chita (f)	гепард (м)	[gepárd]
pantera (f)	пантера (ж)	[pantǽra]
puma (m)	пума (ж)	[púma]
leopardo-das-neves (m)	снежный барс (м)	[snéʒnij bárs]
lince (m)	рысь (ж)	[rĩsʲ]
coiote (m)	койот (м)	[kɔjót]
chacal (m)	шакал (м)	[ʃakálʲ]
hiena (f)	гиена (ж)	[giéna]

88. Animais selvagens

animal (m)	животное (с)	[ʒivótnɔe]
besta (f)	зверь (м)	[zvérʲ]
esquilo (m)	белка (ж)	[bélka]
ouriço (m)	ёж (м)	[jóʃ]
lebre (f)	заяц (м)	[záɪts]
coelho (m)	кролик (м)	[królik]
texugo (m)	барсук (м)	[barsúk]
guaxinim (m)	енот (м)	[enót]
hamster (m)	хомяк (м)	[hɔmʲák]
marmota (f)	сурок (м)	[surók]
toupeira (f)	крот (м)	[krót]
rato (m)	мышь (ж)	[mĩʃ]
ratazana (f)	крыса (ж)	[krĩsa]
morcego (m)	летучая мышь (ж)	[letútʃaja mĩʃ]
arminho (m)	горностай (м)	[gɔrnɔstáj]
zibelina (f)	соболь (м)	[sóbɔlʲ]
marta (f)	куница (ж)	[kunítsa]
doninha (f)	ласка (ж)	[láska]
vison (m)	норка (ж)	[nórka]

castor (m)	бобр (м)	[bóbr]
lontra (f)	выдра (ж)	[vīdra]
cavalo (m)	лошадь (ж)	[lóʃatʲ]
alce (m)	лось (м)	[lósʲ]
veado (m)	олень (м)	[ɔlénʲ]
camelo (m)	верблюд (м)	[verblʲúd]
bisão (m)	бизон (м)	[bizón]
auroque (m)	зубр (м)	[zúbr]
búfalo (m)	буйвол (м)	[bújvɔl]
zebra (f)	зебра (ж)	[zébra]
antílope (m)	антилопа (ж)	[antilópa]
corça (f)	косуля (ж)	[kɔsúlʲa]
gamo (m)	лань (ж)	[lánʲ]
camurça (f)	серна (ж)	[sérna]
javali (m)	кабан (м)	[kabán]
baleia (f)	кит (м)	[kít]
foca (f)	тюлень (м)	[tʲulénʲ]
morsa (f)	морж (м)	[mórʃ]
urso-marinho (m)	котик (м)	[kótik]
golfinho (m)	дельфин (м)	[delʲfín]
urso (m)	медведь (м)	[medvétʲ]
urso (m) branco	белый медведь (м)	[bélij medvétʲ]
panda (m)	панда (ж)	[pánda]
macaco (em geral)	обезьяна (ж)	[ɔbezjána]
chimpanzé (m)	шимпанзе (с)	[ʃimpanzǽ]
orangotango (m)	орангутанг (м)	[ɔrangutáng]
gorila (m)	горилла (ж)	[gɔríla]
macaco (m)	макака (ж)	[makáka]
gibão (m)	гиббон (м)	[gibón]
elefante (m)	слон (м)	[slón]
rinoceronte (m)	носорог (м)	[nɔsɔróg]
girafa (f)	жираф (м)	[ʒiráf]
hipopótamo (m)	бегемот (м)	[begemót]
canguru (m)	кенгуру (м)	[kengurú]
coala (m)	коала (ж)	[kɔála]
mangusto (m)	мангуст (м)	[mangúst]
chinchila (m)	шиншилла (ж)	[ʃinʃíla]
doninha-fedorenta (f)	скунс (м)	[skúns]
porco-espinho (m)	дикобраз (м)	[dikɔbrás]

89. Animais domésticos

gata (f)	кошка (ж)	[kóʃka]
gato (m) macho	кот (м)	[kót]
cavalo (m)	лошадь (ж)	[lóʃatʲ]

| garanhão (m) | жеребец (м) | [ʒerebéts] |
| égua (f) | кобыла (ж) | [kɔbīla] |

vaca (f)	корова (ж)	[kɔróva]
touro (m)	бык (м)	[bīk]
boi (m)	вол (м)	[vól]

ovelha (f)	овца (ж)	[ɔftsá]
carneiro (m)	баран (м)	[barán]
cabra (f)	коза (ж)	[kɔzá]
bode (m)	козёл (м)	[kɔzǿl]

| burro (m) | осёл (м) | [ɔsǿl] |
| mula (f) | мул (м) | [múl] |

porco (m)	свинья (ж)	[svinjá]
leitão (m)	поросёнок (м)	[pɔrɔsǿnɔk]
coelho (m)	кролик (м)	[królik]

| galinha (f) | курица (ж) | [kúritsa] |
| galo (m) | петух (м) | [petúh] |

pata (f)	утка (ж)	[útka]
pato (macho)	селезень (м)	[sélezenʲ]
ganso (m)	гусь (м)	[gúsʲ]

| peru (m) | индюк (м) | [indʲúk] |
| perua (f) | индюшка (ж) | [indʲúʃka] |

animais (m pl) domésticos	домашние животные (с мн)	[dɔmáʃnie ʒivótnie]
domesticado	ручной	[rutʃnój]
domesticar (vt)	приручать (нсв, пх)	[prirutʃátʲ]
criar (vt)	выращивать (нсв, пх)	[viráʃʲivatʲ]

quinta (f)	ферма (ж)	[férma]
aves (f pl) domésticas	домашняя птица (ж)	[dɔmáʃnʲaja ptítsa]
gado (m)	скот (м)	[skót]
rebanho (m), manada (f)	стадо (с)	[stádɔ]

estábulo (m)	конюшня (ж)	[kɔnʲúʃnʲa]
pocilga (f)	свинарник (м)	[svinárnik]
estábulo (m)	коровник (м)	[kɔróvnik]
coelheira (f)	крольчатник (м)	[krɔlʲtʃátnik]
galinheiro (m)	курятник (м)	[kurʲátnik]

90. Pássaros

pássaro (m), ave (f)	птица (ж)	[ptítsa]
pombo (m)	голубь (м)	[gólupʲ]
pardal (m)	воробей (м)	[vɔrɔbéj]
chapim-real (m)	синица (ж)	[sinítsa]
pega-rabuda (f)	сорока (ж)	[sɔróka]
corvo (m)	ворон (м)	[vórɔn]
gralha (f) cinzenta	ворона (ж)	[vɔróna]

| gralha-de-nuca-cinzenta (f) | галка (ж) | [gálka] |
| gralha-calva (f) | грач (м) | [grátʃ] |

pato (m)	утка (ж)	[útka]
ganso (m)	гусь (м)	[gúsʲ]
faisão (m)	фазан (м)	[fazán]

águia (f)	орёл (м)	[ɔrǿl]
açor (m)	ястреб (м)	[jástreb]
falcão (m)	сокол (м)	[sókɔl]
abutre (m)	гриф (м)	[gríf]
condor (m)	кондор (м)	[kóndɔr]

cisne (m)	лебедь (м)	[lébetʲ]
grou (m)	журавль (м)	[ʒurávlʲ]
cegonha (f)	аист (м)	[áist]

papagaio (m)	попугай (м)	[pɔpugáj]
beija-flor (m)	колибри (ж)	[kɔlíbri]
pavão (m)	павлин (м)	[pavlín]

avestruz (m)	страус (м)	[stráus]
garça (f)	цапля (ж)	[tsáplʲa]
flamingo (m)	фламинго (с)	[flamíngɔ]
pelicano (m)	пеликан (м)	[pelikán]

| rouxinol (m) | соловей (м) | [sɔlɔvéj] |
| andorinha (f) | ласточка (ж) | [lástɔtʃka] |

tordo-zornal (m)	дрозд (м)	[drózd]
tordo-músico (m)	певчий дрозд (м)	[péftʃij drózd]
melro-preto (m)	чёрный дрозд (м)	[tʃǿrnij drózd]

andorinhão (m)	стриж (м)	[stríʃ]
cotovia (f)	жаворонок (м)	[ʒávɔrɔnɔk]
codorna (f)	перепел (м)	[pérepel]

pica-pau (m)	дятел (м)	[dʲátel]
cuco (m)	кукушка (ж)	[kukúʃka]
coruja (f)	сова (ж)	[sɔvá]
corujão, bufo (m)	филин (м)	[fílin]
tetraz-grande (m)	глухарь (м)	[gluhárʲ]

| tetraz-lira (m) | тетерев (м) | [téteref] |
| perdiz-cinzenta (f) | куропатка (ж) | [kurɔpátka] |

estorninho (m)	скворец (м)	[skvɔréts]
canário (m)	канарейка (ж)	[kanaréjka]
galinha-do-mato (f)	рябчик (м)	[rʲáptʃik]

| tentilhão (m) | зяблик (м) | [zʲáblik] |
| dom-fafe (m) | снегирь (м) | [snegírʲ] |

gaivota (f)	чайка (ж)	[tʃájka]
albatroz (m)	альбатрос (м)	[alʲbatrós]
pinguim (m)	пингвин (м)	[pingvín]

91. Peixes. Animais marinhos

brema (f)	лещ (м)	[léʃ]
carpa (f)	карп (м)	[kárp]
perca (f)	окунь (м)	[ókunʲ]
siluro (m)	сом (м)	[sóm]
lúcio (m)	щука (ж)	[ʃúka]
salmão (m)	лосось (м)	[lɔsósʲ]
esturjão (m)	осётр (м)	[ɔsǿtr]
arenque (m)	сельдь (ж)	[sélʲtʲ]
salmão (m)	сёмга (ж)	[sǿmga]
cavala, sarda (f)	скумбрия (ж)	[skúmbrija]
solha (f)	камбала (ж)	[kámbala]
lúcio perca (m)	судак (м)	[sudák]
bacalhau (m)	треска (ж)	[treská]
atum (m)	тунец (м)	[tunéʦ]
truta (f)	форель (ж)	[fɔrǽlʲ]
enguia (f)	угорь (м)	[úgɔrʲ]
raia elétrica (f)	электрический скат (м)	[ɛlektríʧeskij skát]
moreia (f)	мурена (ж)	[muréna]
piranha (f)	пиранья (ж)	[piránja]
tubarão (m)	акула (ж)	[akúla]
golfinho (m)	дельфин (м)	[delʲfín]
baleia (f)	кит (м)	[kít]
caranguejo (m)	краб (м)	[kráb]
medusa, alforreca (f)	медуза (ж)	[medúza]
polvo (m)	осьминог (м)	[ɔsʲminóg]
estrela-do-mar (f)	морская звезда (ж)	[mɔrskája zvezdá]
ouriço-do-mar (m)	морской ёж (м)	[mɔrskój jóʃ]
cavalo-marinho (m)	морской конёк (м)	[mɔrskój kɔnǿk]
ostra (f)	устрица (ж)	[ústriʦa]
camarão (m)	креветка (ж)	[krevétka]
lavagante (m)	омар (м)	[ɔmár]
lagosta (f)	лангуст (м)	[langúst]

92. Amfíbios. Répteis

serpente, cobra (f)	змея (ж)	[zmejá]
venenoso	ядовитый	[jɪdɔvítij]
víbora (f)	гадюка (ж)	[gadʲúka]
cobra-capelo, naja (f)	кобра (ж)	[kóbra]
pitão (m)	питон (м)	[pitón]
jiboia (f)	удав (м)	[udáʃ]
cobra-de-água (f)	уж (м)	[úʃ]

| cascavel (f) | гремучая змея (ж) | [gremútʃaja zmejá] |
| anaconda (f) | анаконда (ж) | [anakónda] |

lagarto (m)	ящерица (ж)	[jáʃeritsa]
iguana (f)	игуана (ж)	[iguána]
varano (m)	варан (м)	[varán]
salamandra (f)	саламандра (ж)	[salamándra]
camaleão (m)	хамелеон (м)	[hameleón]
escorpião (m)	скорпион (м)	[skɔrpión]

tartaruga (f)	черепаха (ж)	[tʃerepáha]
rã (f)	лягушка (ж)	[lɪgúʃka]
sapo (m)	жаба (ж)	[ʒába]
crocodilo (m)	крокодил (м)	[krɔkɔdíl]

93. Insetos

inseto (m)	насекомое (с)	[nasekómɔe]
borboleta (f)	бабочка (ж)	[bábɔtʃka]
formiga (f)	муравей (м)	[muravéj]
mosca (f)	муха (ж)	[múha]
mosquito (m)	комар (м)	[kɔmár]
escaravelho (m)	жук (м)	[ʒúk]

vespa (f)	оса (ж)	[ɔsá]
abelha (f)	пчела (ж)	[ptʃelá]
mamangava (f)	шмель (м)	[ʃmélʲ]
moscardo (m)	овод (м)	[óvɔd]

| aranha (f) | паук (м) | [paúk] |
| teia (f) de aranha | паутина (ж) | [pautína] |

libélula (f)	стрекоза (ж)	[strekɔzá]
gafanhoto-do-campo (m)	кузнечик (м)	[kuznétʃik]
traça (f)	мотылёк (м)	[mɔtɨɫǿk]

barata (f)	таракан (м)	[tarakán]
carraça (f)	клещ (м)	[kléʃʲ]
pulga (f)	блоха (ж)	[blɔhá]
borrachudo (m)	мошка (ж)	[móʃka]

gafanhoto (m)	саранча (ж)	[sarantʃá]
caracol (m)	улитка (ж)	[ulítka]
grilo (m)	сверчок (м)	[svertʃók]
pirilampo (m)	светлячок (м)	[svetlɪtʃók]
joaninha (f)	божья коровка (ж)	[bóʒja kɔrófka]
besouro (m)	майский жук (м)	[májskij ʒúk]

sanguessuga (f)	пиявка (ж)	[pijáfka]
lagarta (f)	гусеница (ж)	[gúsenitsa]
minhoca (f)	червь (м)	[tʃérfʲ]
larva (f)	личинка (ж)	[litʃínka]

FLORA

94. Árvores

árvore (f)	дерево (c)	[dérevɔ]
decídua	лиственное	[lístvenɔe]
conífera	хвойное	[hvójnɔe]
perene	вечнозелёное	[vetʃnɔ·zelǿnɔe]

macieira (f)	яблоня (ж)	[jáblonʲa]
pereira (f)	груша (ж)	[grúʃa]
cerejeira (f)	черешня (ж)	[tʃeréʃnʲa]
ginjeira (f)	вишня (ж)	[víʃnʲa]
ameixeira (f)	слива (ж)	[slíva]

bétula (f)	берёза (ж)	[berǿza]
carvalho (m)	дуб (м)	[dúb]
tília (f)	липа (ж)	[lípa]
choupo-tremedor (m)	осина (ж)	[ɔsína]
bordo (m)	клён (м)	[klǿn]
espruce-europeu (m)	ель (ж)	[élʲ]
pinheiro (m)	сосна (ж)	[sɔsná]
alerce, lariço (m)	лиственница (ж)	[lístvenitsa]
abeto (m)	пихта (ж)	[píhta]
cedro (m)	кедр (м)	[kédr]

choupo, álamo (m)	тополь (м)	[tópɔlʲ]
tramazeira (f)	рябина (ж)	[rɪbína]
salgueiro (m)	ива (ж)	[íva]
amieiro (m)	ольха (ж)	[ɔlʲhá]
faia (f)	бук (м)	[búk]
ulmeiro (m)	вяз (м)	[vʲás]
freixo (m)	ясень (м)	[jásenʲ]
castanheiro (m)	каштан (м)	[kaʃtán]

magnólia (f)	магнолия (ж)	[magnólija]
palmeira (f)	пальма (ж)	[pálʲma]
cipreste (m)	кипарис (м)	[kiparís]

mangue (m)	мангровое дерево (c)	[mángrɔvɔe dérevɔ]
embondeiro, baobá (m)	баобаб (м)	[baɔbáb]
eucalipto (m)	эвкалипт (м)	[ɛfkalípt]
sequoia (f)	секвойя (ж)	[sekvója]

95. Arbustos

arbusto (m)	куст (м)	[kúst]
arbusto (m), moita (f)	кустарник (м)	[kustárnik]

| videira (f) | виноград (м) | [vinɔgrád] |
| vinhedo (m) | виноградник (м) | [vinɔgrádnik] |

framboeseira (f)	малина (ж)	[malína]
groselheira-preta (f)	чёрная смородина (ж)	[ʧórnaja smɔródina]
groselheira-vermelha (f)	красная смородина (ж)	[krásnaja smɔródina]
groselheira (f) espinhosa	крыжовник (м)	[kriʒóvnik]

acácia (f)	акация (ж)	[akátsija]
bérberis (f)	барбарис (м)	[barbarís]
jasmim (m)	жасмин (м)	[ʒasmín]

junípero (m)	можжевельник (м)	[mɔʒevélʲnik]
roseira (f)	розовый куст (м)	[rózɔvij kúst]
roseira (f) brava	шиповник (м)	[ʃɨpóvnik]

96. Frutos. Bagas

maçã (f)	яблоко (с)	[jáblɔkɔ]
pera (f)	груша (ж)	[grúʃa]
ameixa (f)	слива (ж)	[slíva]

| morango (m) | клубника (ж) | [klubníka] |
| ginja (f) | вишня (ж) | [víʃnʲa] |

| cereja (f) | черешня (ж) | [ʧeréʃnʲa] |
| uva (f) | виноград (м) | [vinɔgrád] |

framboesa (f)	малина (ж)	[malína]
groselha (f) preta	чёрная смородина (ж)	[ʧórnaja smɔródina]
groselha (f) vermelha	красная смородина (ж)	[krásnaja smɔródina]

| groselha (f) espinhosa | крыжовник (м) | [kriʒóvnik] |
| oxicoco (m) | клюква (ж) | [klʲúkva] |

laranja (f)	апельсин (м)	[apelʲsín]
tangerina (f)	мандарин (м)	[mandarín]
ananás (m)	ананас (м)	[ananás]

| banana (f) | банан (м) | [banán] |
| tâmara (f) | финик (м) | [fínik] |

limão (m)	лимон (м)	[limón]
damasco (m)	абрикос (м)	[abrikós]
pêssego (m)	персик (м)	[pérsik]

| kiwi (m) | киви (м) | [kívi] |
| toranja (f) | грейпфрут (м) | [gréjpfrut] |

baga (f)	ягода (ж)	[jágɔda]
bagas (f pl)	ягоды (ж мн)	[jágɔdɨ]
arando (m) vermelho	брусника (ж)	[brusníka]
morango-silvestre (m)	земляника (ж)	[zemlɪníka]
mirtilo (m)	черника (ж)	[ʧerníka]

97. Flores. Plantas

flor (f)	цветок (м)	[tsvetók]
ramo (m) de flores	букет (м)	[bukét]
rosa (f)	роза (ж)	[róza]
tulipa (f)	тюльпан (м)	[tʲulʲpán]
cravo (m)	гвоздика (ж)	[gvɔzdíka]
gladíolo (m)	гладиолус (м)	[gladiólus]
centáurea (f)	василёк (м)	[vasiløk]
campânula (f)	колокольчик (м)	[kɔlɔkólʲtʃik]
dente-de-leão (m)	одуванчик (м)	[ɔduvántʃik]
camomila (f)	ромашка (ж)	[rɔmáʃka]
aloé (m)	алоэ (с)	[alóɛ]
cato (m)	кактус (м)	[káktus]
fícus (m)	фикус (м)	[fíkus]
lírio (m)	лилия (ж)	[lílija]
gerânio (m)	герань (ж)	[geránʲ]
jacinto (m)	гиацинт (м)	[giatsĩnt]
mimosa (f)	мимоза (ж)	[mimóza]
narciso (m)	нарцисс (м)	[nartsĩs]
capuchinha (f)	настурция (ж)	[nastúrtsija]
orquídea (f)	орхидея (ж)	[ɔrhidéja]
peónia (f)	пион (м)	[pión]
violeta (f)	фиалка (ж)	[fiálka]
amor-perfeito (m)	анютины глазки (мн)	[anʲútini gláski]
não-me-esqueças (m)	незабудка (ж)	[nezabútka]
margarida (f)	маргаритка (ж)	[margarítka]
papoula (f)	мак (м)	[mák]
cânhamo (m)	конопля (ж)	[kɔnɔplʲá]
hortelã (f)	мята (ж)	[mʲáta]
lírio-do-vale (m)	ландыш (м)	[lándiʃ]
campânula-branca (f)	подснежник (м)	[pɔtsnéʒnik]
urtiga (f)	крапива (ж)	[krapíva]
azeda (f)	щавель (м)	[ʃavélʲ]
nenúfar (m)	кувшинка (ж)	[kufʃĩnka]
feto (m), samambaia (f)	папоротник (м)	[pápɔrtnik]
líquen (m)	лишайник (м)	[liʃájnik]
estufa (f)	оранжерея (ж)	[ɔranʒeréja]
relvado (m)	газон (м)	[gazón]
canteiro (m) de flores	клумба (ж)	[klúmba]
planta (f)	растение (с)	[rasténie]
erva (f)	трава (ж)	[travá]
folha (f) de erva	травинка (ж)	[travínka]

folha (f)	лист (м)	[líst]
pétala (f)	лепесток (м)	[lepestók]
talo (m)	стебель (м)	[stébelʲ]
tubérculo (m)	клубень (м)	[klúbenʲ]

| broto, rebento (m) | росток (м) | [rɔstók] |
| espinho (m) | шип (м) | [ʃíp] |

florescer (vi)	цвести (нсв, нпх)	[ʦvestí]
murchar (vi)	вянуть (нсв, нпх)	[vʲánutʲ]
cheiro (m)	запах (м)	[zápah]
cortar (flores)	срезать (св, пх)	[srézatʲ]
colher (uma flor)	сорвать (св, пх)	[sɔrvátʲ]

98. Cereais, grãos

grão (m)	зерно (с)	[zernó]
cereais (plantas)	зерновые растения (с мн)	[zernɔvīe rasténija]
espiga (f)	колос (м)	[kólɔs]

trigo (m)	пшеница (ж)	[pʃɛnítsa]
centeio (m)	рожь (ж)	[róʃ]
aveia (f)	овёс (м)	[ɔvǿs]
milho-miúdo (m)	просо (с)	[prósɔ]
cevada (f)	ячмень (м)	[jɪʧménʲ]

milho (m)	кукуруза (ж)	[kukurúza]
arroz (m)	рис (м)	[rís]
trigo-sarraceno (m)	гречиха (ж)	[gretʃíha]

ervilha (f)	горох (м)	[gɔróh]
feijão (m)	фасоль (ж)	[fasólʲ]
soja (f)	соя (ж)	[sója]
lentilha (f)	чечевица (ж)	[ʧeʧevítsa]
fava (f)	бобы (мн)	[bɔbī]

PAÍSES DO MUNDO

99. Países. Parte 1

Afeganistão (m)	Афганистан (м)	[afganistán]
África do Sul (f)	ЮАР (ж)	[juár]
Albânia (f)	Албания (ж)	[albánija]
Alemanha (f)	Германия (ж)	[germánija]
Arábia (f) Saudita	Саудовская Аравия (ж)	[saúdɔfskaja arávija]
Argentina (f)	Аргентина (ж)	[argentína]
Arménia (f)	Армения (ж)	[arménija]
Austrália (f)	Австралия (ж)	[afstrálija]
Áustria (f)	Австрия (ж)	[áfstrija]
Azerbaijão (m)	Азербайджан (м)	[azerbajdʒán]
Bahamas (f pl)	Багамские острова (ж)	[bagámskie ɔstrɔvá]
Bangladesh (m)	Бангладеш (м)	[bangladéʃ]
Bélgica (f)	Бельгия (ж)	[bélʲgija]
Bielorrússia (f)	Беларусь (ж)	[belarúsʲ]
Bolívia (f)	Боливия (ж)	[bɔlívija]
Bósnia e Herzegovina (f)	Босния и Герцеговина (ж)	[bósnija i gertsɛgɔvína]
Brasil (m)	Бразилия (ж)	[brazílija]
Bulgária (f)	Болгария (ж)	[bɔlgárija]
Camboja (f)	Камбоджа (ж)	[kambódʒa]
Canadá (m)	Канада (ж)	[kanáda]
Cazaquistão (m)	Казахстан (м)	[kazahstán]
Chile (m)	Чили (ж)	[ʧíli]
China (f)	Китай (м)	[kitáj]
Chipre (m)	Кипр (м)	[kípr]
Colômbia (f)	Колумбия (ж)	[kɔlúmbija]
Coreia do Norte (f)	Северная Корея (ж)	[sévernaja kɔréja]
Coreia do Sul (f)	Южная Корея (ж)	[júʒnaja kɔréja]
Croácia (f)	Хорватия (ж)	[hɔrvátija]
Cuba (f)	Куба (ж)	[kúba]
Dinamarca (f)	Дания (ж)	[dánija]
Egito (m)	Египет (м)	[egípet]
Emirados Árabes Unidos	Объединённые Арабские Эмираты (мн)	[ɔbjedinǿnnie arápskie ɛmiráti]
Equador (m)	Эквадор (м)	[ɛkvadór]
Escócia (f)	Шотландия (ж)	[ʃotlándija]
Eslováquia (f)	Словакия (ж)	[slɔvákija]
Eslovénia (f)	Словения (ж)	[slɔvénija]
Espanha (f)	Испания (ж)	[ispánija]
Estados Unidos da América	Соединённые Штаты Америки (мн)	[sɔedinǿnnie ʃtáti amériki]
Estónia (f)	Эстония (ж)	[ɛstónija]

| Finlândia (f) | Финляндия (ж) | [finlándija] |
| França (f) | Франция (ж) | [frántsija] |

100. Países. Parte 2

Gana (f)	Гана (ж)	[gána]
Geórgia (f)	Грузия (ж)	[grúzija]
Grã-Bretanha (f)	Великобритания (ж)	[velikobritánija]
Grécia (f)	Греция (ж)	[grétsija]
Haiti (m)	Гаити (м)	[gaíti]
Hungria (f)	Венгрия (ж)	[véngrija]
Índia (f)	Индия (ж)	[índija]

Indonésia (f)	Индонезия (ж)	[indonézija]
Inglaterra (f)	Англия (ж)	[ánglija]
Irão (m)	Иран (м)	[irán]
Iraque (m)	Ирак (м)	[irák]
Irlanda (f)	Ирландия (ж)	[irlándija]
Islândia (f)	Исландия (ж)	[islándija]
Israel (m)	Израиль (м)	[izráilʲ]

Itália (f)	Италия (ж)	[itálija]
Jamaica (f)	ямайка (ж)	[jɪmájka]
Japão (m)	япония (ж)	[jɪpónija]
Jordânia (f)	Иордания (ж)	[iordánija]
Kuwait (m)	Кувейт (м)	[kuvéjt]

| Laos (m) | Лаос (м) | [laós] |
| Letónia (f) | Латвия (ж) | [látvija] |

Líbano (m)	Ливан (м)	[liván]
Líbia (f)	Ливия (ж)	[lívija]
Liechtenstein (m)	Лихтенштейн (м)	[lihtɛnʃtǽjn]
Lituânia (f)	Литва (ж)	[litvá]
Luxemburgo (m)	Люксембург (м)	[lʲuksembúrg]

| Macedónia (f) | Македония (ж) | [makedónija] |
| Madagáscar (m) | Мадагаскар (м) | [madagaskár] |

Malásia (f)	Малайзия (ж)	[malájzija]
Malta (f)	Мальта (ж)	[málʲta]
Marrocos	Марокко (с)	[marókɔ]
México (m)	Мексика (ж)	[méksika]
Myanmar (m), Birmânia (f)	Мьянма (ж)	[mjánma]

| Moldávia (f) | Молдова (ж) | [mɔldóva] |
| Mónaco (m) | Монако (с) | [mɔnákɔ] |

Mongólia (f)	Монголия (ж)	[mɔngólija]
Montenegro (m)	Черногория (ж)	[tʃernɔgórija]
Namíbia (f)	Намибия (ж)	[namíbija]
Nepal (m)	Непал (м)	[nepál]
Noruega (f)	Норвегия (ж)	[nɔrvégija]
Nova Zelândia (f)	Новая Зеландия (ж)	[nóvaja zelándija]

101. Países. Parte 3

Países (m pl) Baixos	Нидерланды (мн)	[niderlándi]
Palestina (f)	Палестина (ж)	[palestína]
Panamá (m)	Панама (ж)	[panáma]
Paquistão (m)	Пакистан (м)	[pakistán]
Paraguai (m)	Парагвай (м)	[paragváj]
Peru (m)	Перу (с)	[perú]
Polinésia Francesa (f)	Французская Полинезия (ж)	[frantsúskaja polinǽzija]
Polónia (f)	Польша (ж)	[pólʲʃa]
Portugal (m)	Португалия (ж)	[portugálija]
Quénia (f)	Кения (ж)	[kénija]
Quirguistão (m)	Кыргызстан (м)	[kirgizstán]
República (f) Checa	Чехия (ж)	[tʲéhija]
República (f) Dominicana	Доминиканская республика (ж)	[dominikánskaja respúblika]
Roménia (f)	Румыния (ж)	[rumīnija]
Rússia (f)	Россия (ж)	[rɔsíja]
Senegal (m)	Сенегал (м)	[senegál]
Sérvia (f)	Сербия (ж)	[sérbija]
Síria (f)	Сирия (ж)	[sírija]
Suécia (f)	Швеция (ж)	[ʃvétsija]
Suíça (f)	Швейцария (ж)	[ʃvejtsárija]
Suriname (m)	Суринам (м)	[surinám]
Tailândia (f)	Таиланд (м)	[tailánd]
Taiwan (m)	Тайвань (м)	[tajvánʲ]
Tajiquistão (m)	Таджикистан (м)	[tadʒikistán]
Tanzânia (f)	Танзания (ж)	[tanzánija]
Tasmânia (f)	Тасмания (ж)	[tasmánija]
Tunísia (f)	Тунис (м)	[tunís]
Turquemenistão (m)	Туркмения (ж)	[turkménija]
Turquia (f)	Турция (ж)	[túrtsija]
Ucrânia (f)	Украина (ж)	[ukraína]
Uruguai (m)	Уругвай (м)	[urugváj]
Uzbequistão (f)	Узбекистан (м)	[uzbekistán]
Vaticano (m)	Ватикан (м)	[vatikán]
Venezuela (f)	Венесуэла (ж)	[venesuǽla]
Vietname (m)	Вьетнам (м)	[vjetnám]
Zanzibar (m)	Занзибар (м)	[zanzibár]